考拉看看
KOALA CAN

# 东京新青年

NEW YOUTH IN TOKYO

廖宇靖 著

中国华侨出版社
·北京·

**图书在版编目（CIP）数据**

东京新青年 / 廖宇靖著. -- 北京 : 中国华侨出版社，2021.1
ISBN 978-7-5113-8481-2

Ⅰ. ①东… Ⅱ. ①廖… Ⅲ. ①青年－研究－日本 Ⅳ. ①D731.385

中国版本图书馆CIP数据核字(2020)第242844号

**●东京新青年**

著　　者 / 廖宇靖
责任编辑 / 黄　威
封面设计 / 云何视觉·汪智昊
策划机构 / 考拉看看
协作机构 / 书服家
经　　销 / 新华书店
设计制作 / 云何视觉
开　　本 / 787毫米×1092毫米 1/16
印　　张 / 17.25
字　　数 / 177千字
印　　刷 / 成都市金雅迪彩色印刷有限公司
版　　次 / 2021年1月第1版　2021年1月第1次印刷
书　　号 / ISBN 978-7-5113-8481-2
定　　价 / 78.00元

中国华侨出版社　北京市朝阳区西坝河东里77号楼底商5号　邮编：100028
发行部：（028）84525271　　传　真：（028）84525271
网　址：www.oveaschin.com　　E-mail：oveaschin@sina.com

# 自序　我眼中的东京新青年

我很喜欢东京这座城市，喧闹且宁静，即便是一个人漫步在东京的街头，也不感到寂寞，反而更容易沉下心来思考，时光里透露着放松惬意。

2019 年，我以东京大学社会科学研究所研究员的身份开启日本的研究之旅。俗话说“独在异乡为异客”，身在日本，目之所及都是陌生的，进入了一个陌生的文化氛围，我将自己的视线与心灵，全情地投入日本，每天感受着遇到的风景，观察着身边的一切。

在此期间，我结识了一些日本年轻的朋友，相较于关注日本的整体社会经济文化而言，我反倒觉得从他们身上更能发现问题。我想到动笔记录一些针对日本青年的观察文章，但回国后一直忙于其他事务，写作这本书的计划就暂时被搁置了。

回顾自己，23 岁时，我去川西高原当一名为人民服务的警察，三年之后，我辞去了公务员的“铁饭碗”工作，全身心进行文学创作，出版了几本书。进入30岁之后，我的心态也越发平和。如果说30岁前我是个攀登者，出过书，得过奖，传递过奥运火炬，上过电视，不屑于平凡生活，那么30岁以后的我渐渐变成了一个守护者，为工作鞠躬尽瘁，为家人遮风挡雨，也不会再为了一时的冲动就失去理智。

日本的氛围，与30岁的我的心态很相称，如果是十年前浮躁的我，可能体会不到日本这个国度蕴含的平和和沉稳，只会大呼无聊。所以在30岁之后有机会遇见日本，我觉得是一种冥冥中的安排。



2020年，新冠疫情的暴发，席卷了全球，日本也被病毒笼罩。

这期间，日本经历了一些变化，以往像陀螺一样高速旋转的城市，在疫情的影响下放慢了脚步，我可以细细端详日本的以往与现在，于是这本书得以重启。

我获得了一大段自省的时间，得以沉静下来，细细打磨我的作品。《东京新青年》这本书，我想瞄准日本青年，站在“异乡人”的角度，从第二次世界大战之后日本经济的崛起说起，再结合到日本经济发展过程中，几代青年人在财富观、职业观、人生观、价值观、世界观上的变化，试图绘制出一幅我眼中的“东京新青年”图鉴。不了解过去就无法理解现在正在发生的事，因此我选择把对日本的观察，放在历史语境下进行。在日本这个国家，历史和传统的痕迹无处不在。在东京巍然耸立的现代化高楼大厦中，也隐藏着寺庙和传统文化街道，这就是最好的证明。

写作之前，我查阅了大量描写日本的资料，关于日本的文章和作品大多都极为消极，一度让我在去日本之前十分担忧，但我所见之日本并非如此，与日本近距离相处后，我反而有一种真实与客观的感觉。

日本经济经历了“失去的20年”，社会面临着一些严重问题，如人口老龄化、高自杀率、少子化与低结婚率，不见起色的经济形势和“扶不起”的电子产业等，但并非意味着日本在没落。虽然当下日本留给年轻人的机会越来越少，收入缩水，年轻一代远离与消费主义相关的一切，倡导“二次元”“宅文化”等，但日本的年轻人并未完全丧失活力，他们也在不断作自我调整，以便适应世界的发展速度。从历史上来看，日本社会是有能力应对并克服各种苦难的，这从第二次世界大战后日本经济的迅速重建与崛起可见端倪。

无论是经济发展，还是文化底蕴，日本与中国有诸多相似之处。日本今天的问题，如人口老龄化、低欲望以及经济增长缓慢，或许就是中国未来的问题。从这个角度来说，在今天的语境下，观察日本是很有意义的事情。

如今，日本正努力朝着积极向上的方向发展，努力适应世界的变化。在世界大变局下，日本也跟其他国家一样，存在着各种不确定性，也面临着社会结构性调整的压力。所以，探讨日本社会的问题，其实也是对我们自身所处环境的反思和警示。尤其是研究日本年轻一代的真实生存状况与生活现状，也可以给我国以借鉴。

20 世纪六七十年代，日本的大学生是社会变革的重要推动者，但在和日本人相处的过程中我发现，现在很多 20 多岁的年轻人变得越来越保守了，他们拒绝改变，开始追求生活中的“小确幸”，认为工作“点到为止”就好。归根到底，是因为他们对日本的未来缺乏信心，认为维持现状就是最好的。出于这些原因，日本年轻人很少像上一代人那样热血、组织推动社会变化、试图用自己的力量让社会变得更好。但社会并不会停滞不前，现在到了年轻人警醒的时候了。所以，在日本依然有一些青年，即使日本正遭遇着一系列社会问题，他们也在凭借自己的顽强不屈，一步一步向前，重建以往丢失的精神能量。

总体来说，日本青年一代身上有值得我们反思的地方，同时也有值得我们冷静学习之处，希望本书能够带来一些好的改变。

廖宇靖

2020 年 11 月 24 日

# 目录

# 第一章

# 低欲望社会：消费

长期的经济衰退，使日本青年走进了一个消费怪圈，他们出于对未来的不安而抑制自己的消费欲望，即便是手中握有大量的资金仍旧不敢放开消费，这种低欲望消费心理，让日本的经济在很长一段时间内呈现萎靡不振的状态。

# 从“高欲望经济”中跌落



长久以来，很多人对邻国日本充满好奇或不解。因为它突然获得富强的能力，也因为它经济高速发展成为发达国家。

2019年，我孤身前往日本，在东京大学社会科学研究所开始了我的研究之旅。这期间，我的主要研究方向是“新一代的日本青年”。2019年12月底，我有幸当选东京奥运会火炬手，并计划于2020年3月28日在日本福岛传递奥运火炬，同时我也是东京奥运会首棒国际火炬手。我是2008年从四川汶川特大地震灾区成长起来的，东京奥组委希望我通过传递奥运圣火，给全世界遭受各种自然灾害的青少年带去希望和力量，传递复兴不屈的精神。我也想趁此机会，深入了解日本社会与日本人的真情实感。

不料，2020年年初，新冠肺炎疫情暴发，2月初，火炬传递仍按照原计划进行，但同时日本开始入境限制，到3月底，我接到东京奥组委火炬手办公室的电话：“奥运会将延期。”没过多久，东京奥组委就联合国际奥委会发表声明，正式确认东京奥运会推迟至 2021 年。

疫情让我有了更多的时间重新梳理思绪，并从众多史料中了解日本社会、历史、文化。几个月后，我再度到达东京，以往对于日本在书中的了解得以转化为对这片异乡土地具象化的经验和认知。

此时我发现，当你真正去了解一个国家时，最希望的是真实走近它。对日本也一样，只要生活过，最后能留在内心的就是一种无法言说的复杂情感。如同我们学习日语的 50 个音符，面对文字时，既熟悉又陌生的感觉油然而生。



到了日本后，首先关注的难免是它的整体经济状况。日本自 1853 年被迫打开国门后，再到第二次世界大战结束后的短短几十年间，抓住机会，在废墟之上实现经济迅速腾飞，尤其是自 1973 年石油危机爆发后，以美国为首的西方发达国家受到极大冲击，经济不断衰退，而日本却迅速从这一危机中摆脱出来，在多个领域反超美国。一时之间，“日本第一”的论调在全球广为流传。取得这样的成绩，日本只不过用了一百多年的时间。

然而，这令日本全体国民自豪的繁荣景象，犹如昙花一现，在经历了极致绽放后，迅速走向了凋敝。20 世纪 80 年代之后，长达 25 年的经济衰退使日本国民的心理产生了极大的落差，在不能判断这种衰退趋势何时能够终止的情况下，日本青年对未来的生活产生了极大的不安定感。

长期的经济衰退，使日本青年走进了一个消费怪圈，他们出于对未来的不安而抑制自己的消费欲望，即便是手中握有大量的资金仍旧不敢放开消费，这种低欲望消费心理，让日本的经济在很长一段时间内呈现萎靡不振的状态。

## ● 见证日本经济从高处坠落的青年一代

提起日本的消费，我们脑海里浮现出来的便是中国游客到日本旅游时“疯狂买买买”的画面。而在20世纪80年代泡沫经济时期，生活在东京的青年一代，对那种充满欲望的高消费生活，以及泡沫破裂后巨大的生活反差，有着更直观的认识。

在那段时期，日本地价、股价不断上升，看似一片大好的经济景象给了日本青年前所未有的宽松环境，在这样的状态下，消费的欲望被推到了无以复加的程度。他们有的出生在那个物欲横流的时代，享受了物质丰富的童年，随后也感受到因泡沫破裂而使家庭受到冲击，生活方式产生巨大改变的落差；也有在经济破灭后出生的“90后”“00后”，他们自出生以来就通过生活环境的变化感受到日本经济持续低迷对民众带来的影响。这些都在很大程度上影响着他们，使他们的消费行为与父辈年轻时的消费行为相比产生了巨大落差。

第二次世界大战结束以后，20世纪七八十年代是日本青年群体消费的黄金时期。这一时期，成长起来的“团块世代”作为消费的主力军，对日本经济的发展起了重要的推动作用。

团块世代是指于1947—1951年日本第一个生育高峰时期出

生的人群，总数大致为1000万人，约占日本人口总数的10%，其中80%是工薪阶层。[1]在20世纪60年代经济高速增长时期，他们通过辛勤的劳作为社会创造了巨大的财富，同时整体财富的增加也反馈到他们身上，使他们的收入显著提升，为满足消费欲望打下了坚实的基础。

1956年，日本经济进入高速增长时期，日本民众的收入便不断增加，消费水平也随之发生了质的变化——人们从对简单温饱的追求转变为对高生活质量的追求。这一消费意向的转变直接推动了日本消费革命的兴起。这时期的日本民众不管是有钱还是没钱，对消费都有着狂热的追求，他们认为，消费就是在为国家经济发展做贡献。



这一时期，经济的持续好转使日本青年群体对未来充满希望，消费观念也与上一代人所倡导的节衣缩食、少花多储观念有了差异，开始将更多的钱用于休闲娱乐。与此前流行的那种消费趋同观念不同，他们更加注重消费的质量和差异性，服务性消费的比重不断上升。各种大型综合购物商场、各种有游乐设施的公园、娱乐城、旅游景点等受到年轻人的热烈欢迎。

然而，到了泡沫经济出现的20世纪80年代，日本金融业进行了自由化改革，使得日本资本市场异常繁荣，股价不断上涨。日本民众坚定地认为，日本股价能一直涨上去，达

1　数据来自2016年日本放送协会（NHC）电视台出品的纪录片《团块世代：悄然迫近的老年破产》。

到新的高度。同时，日本全国的地价开始上涨，特别是东京周围的土地。随着日本经济发展，经济全球化融合加快，日本民众都相信东京将成为亚洲的金融中心，世界各国的企业开始向东京集聚，希望能在这里占据一席之地。带着对日本经济未来的期待，整个日本社会的消费欲望过度膨胀，青年群体的消费观念趋向“高端化”，他们开始追求奢侈消费，对名牌肆意追求，奔驰、宝马等高级轿车在日本的销售数量不断增加，“LV”“GUCCI”“CHANEL”等奢侈品牌的包包、配饰成了日本女性的最爱。而且这一时期日元升值，大量的海外商品流入日本，年轻人很容易就能够获得来自发达国家的奢侈品，一时之间陷入被欲望支配的奢靡生活中。

这一时期的日本开始进入老龄化社会，且女性不再满足于做家庭主妇，而是开始寻求独立，导致出生率有所下降，但是总体上来说，人口依旧保持增长活力。如 1971—1974 年，每年日本大致有 200 万名婴儿出生，成为战后第二次婴儿潮。此外，根据日本厚生劳动省发表的《人口动态统计》，1973—1980 年出生的人群中，团块世代所生育的子女比例最高，超过了 50%。[1]

这期间出生的日本人，经历了物质极度丰富的年代，也看到了泡沫破裂后家庭所遭受的冲击，并且在走向社会时经历了就业冰河期，这些变化都使他们无法像父辈年轻时那样因对未来极

---

1 （日）三浦展．下流社会：一个新社会阶层的出现[M]. 陆求实，戴铮，译．上海：上海译文出版社，2018.

度乐观而肆意消费，人们的消费观念开始向勤俭节约、适度消费的传统观念转变，一种被称为“厌消费”的现象开始出现。与此前的肆意消费不同，日本人民在买东西时，不再追求高端品牌，而是会关注东西是否有用，货比三家，再确定是否购买。

正像松田久一在《厌消费的时代》一书中所写的，20 世纪 90 年代后期，在日本商场里，你如果想要买一件 40 万日元的夹克衫，就算身上没钱，借钱都要买到它。然而，现在的日本年轻人宁可在网店里淘着 4000 日元的连衣裙穿，也不愿花大价钱买一件衣服。[1]



1990 年，日本中央银行为了抑制疯狂的泡沫经济，开始采取紧缩性的货币政策。之后，日本的股价、地价开始大幅下跌，银行贷款利率不断上升，很多企业纷纷破产，日本人民的就业率、失业率迅速上升，日本泡沫经济增长停滞不前。曾经的年轻人凭借想证明自我的强烈欲望，成为消费市场中拥有庞大能量的群体。而现如今的青年一代却因为旷日持久的经济萧条，普遍出现了“厌消费”心理，使日本的经济发展产生了巨大的阻力。

这个时代，日本开始流行一个新词：再构造。永远不要被光鲜的词语外表所麻痹，这只是“裁员”不伤颜面的说法罢了。在新的构造中，他们首先发现自己的年终奖没了，直到 20 世纪结束。紧接着，大公司开始信仰“稻盛和夫萧条管理学”：要干

1 （日）松田久一．下一个十年，消费崩盘的年代［M］．盛凯，译．海口：南方出版社，2011.

更多的工作，工资不会加，奖金发不出，请忍耐。上司和员工们说得最多的一句话是："公司没辞退你，你还不知道发奋工作吗？"1993 年，全日本有六成企业减少了应届生校招，日本第二大汽车厂日产关停了神奈川工厂，直接削减 5000 人。日本航空宣布，请 3000 名 35 岁至 55 岁的中层主动辞职。也就是在这一年，日本减少了 13 万个岗位。但就算如此也远远不够，NHK 上的经济学家说，还得再裁 200 万人。就业的艰难直接导致了消费萎缩，信用破产诱发金融爆雷，日本的房价在被调控数年后，于 1993 年轰然下跌，并连跌了整整 25 年。

随着泡沫经济的破灭，就业环境发生了翻天覆地的变化，日本国民的消费渐趋理性，人们不再沉迷于狂热消费，经济发展走向成熟，销售高档商品的百货店不再受消费者追捧，销售价格相对较低商品的便利店却迅速崛起，迎来了发展高峰，如"7-11""罗森""全家"等都是在泡沫经济破灭后迅速扩张的大型便利店，这些便利店占据了一定的市场份额。

如果按照这种趋势发展下去，日本经济恢复景气似乎并非遥远之事。但 2008 年发生的全球性金融危机，再次给了日本沉重一击。当年，日本国内生产总值实际增长率为－ 3.7%，是战后经济发展出现最严重的负增长，2009 年增长率略微上升到－ 2.0%，但仍是负值，像这样连续两年出现负增长在战后还是第一次[1]。

1　江瑞平．当前日本经济回升面临的五大问题［J］．中国经贸，2010（11）：58-60.

2008年金融危机给日本造成的阴影尚未完全消退，2011年3月，天有不测风云，日本东北部的太平洋海域又发生了9.0级特大地震，并因此引发巨大海啸，对日本东北部沿海地区造成毁灭性破坏，随后发生的核泄漏对日本的发展更是产生了深远持久的影响，加深了日本经济的低迷程度。

如今，日本青年一代产生“厌消费”心理的重要一点在于，他们认为日本经济的不景气并非短暂现象。他们是在社会整体不景气的大环境中成长起来的，自出生起，他们就眼见父母为了生活“斤斤计较”，不断计算着商品的性价比，以求能够用最低的价格买到最实惠的物品，并且在娱乐等精神消费上的支出一减再减。

在他们成长过程中，经常从父辈口中听到对日本经济景气时期的描述，这些描述勾起了他们对那种盛况的向往，而现实生活的严峻形势却给了他们沉重的打击。虽然他们也曾经历日本经济的短暂复苏，但在更长的时间里，他们都对未来不抱希望。这个时候，歌舞伎町的生意已大不如前，不少写字楼已人去楼空，好不容易保住工作的白领们挤进电车早早归家，用泡沫剧打发漫漫长夜。

这种巨大的反差突出地反映在日本青年对汽车消费的转变上。20世纪80年代，汽车作为能够展示自我、彰显品位的存在，大受日本城市青年的喜爱，他们都将拥有一辆汽车作为凸显自己与他人差异的符号，有车一族更容易获得别人的认可，车也成为身份和地位的象征。

而如今，生活在交通便捷的城市中的日本青年不再视汽车为生活必需品，对买车也失去了热情。根据数据显示，2000—2007年，东京周边首都圈20岁年轻人的汽车拥有率下降了10.6%。在2005—2015年的10年间，29岁以下年轻人的汽车拥有率由67.1%下降至49.3%，大幅下跌了近20个百分点。[1]

见证了日本经济从高处坠落的青年一代，因为“厌消费”的群体行为特征彻底颠覆了日本汽车市场生产支配消费的格局[2]。曾经辉煌的汽车产业与经济高速增长的景气时代一起成为过去，那种因超越美国而产生的骄傲和自豪感不复存在。日本社会开始处于长期的苦闷、迷茫情绪中。

## ● 远离消费的“断舍离”和“极简主义”

日本青年一代在成长过程中见证了整个国家经济起落带给国民的失重感。他们中有的眼见父辈因为追逐物欲的满足而背负沉重的负担，整日拼命地辛勤工作，与家人的关系却日渐疏远；有的自小被教导要努力学习，考上好的大学，只有变得比别人优秀，才能在残酷的竞争中脱颖而出，成为最后胜利者；有的因为父辈失业，家境贫穷，不得不在少年时就离开校园、

1 丁红卫，姜茗予.论日本青年消费行为与消费意识的变化[J].中国青年社会科学，2016，35（06）：100-104.

2 许光.日本“厌消费”特质分析及对我国消费规制的启示[J].现代经济探讨，2012（12）：80-85.

走上社会，肩负起生活的重担……

日本作家中野孝次在作品《清贫思想》中反思，消费至上的日本，错就错在很多人都忘记了“节约才是美德”。社会环境的变化影响了日本青年一代的消费选择，不管出于什么样的原因，现如今他们的消费观念已经与他们的长辈们有了悬殊的差异。无论是那些没有正式工作、从事短期雇用工作的低收入人群，还是那些在企业里拥有稳定工作和较高收入的正式社员，他们普遍不再进行以高欲望为支撑的肆意消费，而是小心地计算每月甚至每周的必要开销，然后将剩余的收入存入银行，那些附加在商品上的价值如品牌、装饰等已经不再受他们重视，取而代之的是对商品的性价比以及实用性的关注。

“厌消费”心理左右着日本青年一代的行为，被物质支配的生活成为他们竭力逃离的噩梦，“断舍离”和“极简主义”开始取代奢靡的消费，成为他们推崇的时尚潮流。

“断舍离”是近年日本开始流行的词语，最早出现于日本女作家山下英子于2009年创作的作品《断舍离》。山下英子在她的书中表达了一个观点，她认为人们应该重新审视自己与物质的关系，摆脱物质对自己的束缚，将目光从外物转移到内心，思考在自己的生活中占据了太多空间的物质，究竟哪些是必不可少的，哪些是可以舍弃的，然后果断地放弃购买那些对自己无用的东西，丢掉堆放在家中的多余的物品，远离物质的诱惑，过上自由、舒适的生活。

在物质充裕的环境中成长起来的年轻人，并不清楚自己需要满足何种欲望，相较于为了未知的未来拼命付出，他们更满足于享受当下安定、自由的小幸福，为一些不需要的商品投入精力在他们看来是不理智的，“断舍离”的生活方式恰恰切合这种心理，于是很快在日本流行起来，掀起一阵阵“断舍离”热潮。

日本 NHK 电视台拍摄了“断舍离”上瘾的一家人。他们把电视、衣柜、书桌、饭桌通通扔掉。客厅里只留 3 把椅子。镜头之下，主妇站着吃饭，丈夫席地而坐，孩子趴着玩游戏机。他们还卖掉了汽车和自行车，无论路途再远都选择地铁出行。面对镜头，丈夫笑着告诉记者：堵车让我上班时间增加一倍，现在反而减轻了负担。漫长的萧条岁月也在慢慢地改变日本国民的心境。他们变得“不以物喜，不以己悲”，也不再盼望未来生活的拐角，将毕生的力气都用在专注于眼前的生活和人。

“断舍离”一词在 2010 年时入选日本流行语大奖，而当日本青年对“断舍离”的热情还未减退之时，一种更为简单的生活方式慢慢开始流行，开始受到年轻人的追捧，那就是“极简主义”。

在日本，虽然经济的低迷已经持续了二十多年，青年一代可以说是在这种环境下成长起来的，但是因为生产力水平已经发展到一定程度，那些在过去被视为高档商品的电视、电冰箱、洗衣机等，在他们看来并不难以获得，并不需要他们为此拼命工作。

中国的禅宗思想自南宋时期传入日本后，便对日本国民的精神文化产生了深远影响。在经过对中国禅宗思想的吸收、借鉴，以及与本土文化结合、发展后，日本形成了独特的禅宗文化。21 世纪时在日本流行的极简主义与传统文化中的禅宗思想关联颇深。

中国禅宗思想主张淡化、抛弃对外物的欲望，更注重对内心本性的掌控，凭借一定的修行达到精神上的满足与超越。“极简主义”与之有一定的相似性，即主张为生活做“减法”，尽可能简单生活，去除所有不必要的生活物品，回归最本真的生活。

倡导极简生活的日本“极限民”[1]大多不是因为收入有限、无法过上物质充沛的生活而迫不得已选择简单化的生活方式。与此相反，成为“极简主义者”是他们在经历了物质丰富的生活后才做出的选择，其目的是从超负荷忙碌的现状中摆脱出来，过上返璞归真的简单生活。于是他们简化自己的欲望，抛弃生活中多余的物品，约束自己的行为，通过简单朴素的生活方式实现内心的自由宁静[2]。

2015 年，一本名为《我决定简单地生活——从断舍离到极简主义》的书在日本迅速走红，“极简主义”甚至入选了那一年的年度热词。该书作者佐佐木典士就是一位极简主义者，他的家中曾经杂乱地堆满了各种各样的物品，衣柜中堆积成山的衣



1 “极限民”用来形容日本的一类群体，指大繁至简，抛弃物质享乐，回归内心精神世界的人。

2 丁红卫，姜茗予.论日本青年消费行为与消费意识的变化[J].中国青年社会科学，2016，35（06）：100-104.

物、书架上落满灰尘的书、桌子上杂乱放置的日用品、地板上放置着有用的或者无用的物品……整间房子给人的第一感觉就是拥挤，很难想象在落脚之处都很难找到的空间里生活，幸福感从何而来？

2013年，佐佐木去克罗地亚旅行，一场突然而至的大雨把他困在了旅店里，忙碌的节奏也因为这一意外被打乱。窗外细密的雨线飘洒，身处有别于现代都市建筑的古朴旅店，佐佐木的内心奇异地平和，这种简单的快乐勾起了他对极简主义生活的向往，于是在旅行结束后，他对自己位于东京的家开始了大刀阔斧的“改革”。

多余的衣物被清理出去，大家电和笨重的家具被处理掉，堆满书架的书、曾经视若珍宝的收藏……一切不必要的物品都被他果断地处理掉，空空荡荡的空间，却给了他超乎寻常的满足感。

极简主义者的队伍不断扩大，与此前流行的“断舍离”相比，虽然都是给生活做“减法”，但显然“断舍离”还有感性的成分在其中。一些可有可无的物品在主人的不舍之下得以保留，而极简主义则显得更为理性，除必要物品外的任何物品都会被列入“删除”名单，甚至客厅里都不会保留一把椅子。

从“消费狂”到“极简主义”，看似只是日本青年对不同生活方式的选择，但其背后酝酿的是一场经济生活模式的“大革命”。在这场“革命”中，消费者不再对物质产品“极度偏好”，转而追求一种“适度”的生活，这也反映了战后日本那种大量生产、大量消费的经济高速增长，被平衡生产的适度增长和不增长代替，而从更高层面来讲，这或许也是一场对人类理解自由和幸福真谛的启蒙，意味着拒绝物质对人的奴役，回归本真状态将主导人类的精神生活[1]。

“低欲望”是表达今天的日本的一个关键词，并不仅仅是指日本人性欲、食欲的减退，而是他们对外部世界的兴趣在衰退。“断舍离”和“极简主义”在本质上都是减少消费需求，这与日本政府提倡的刺激内需政策是背离的，当“低欲望”成为一种大趋势，日本经济何时能够走出低迷状态真的很难预知。



在东京，一百米之内必定有两家以上的便利店，而在乡村也有着完善的购物商场，日本年轻人觉得这种便利、清洁、安全的生活是世界其他城市所没有的。而这种良好的基础生活设施，使得日本年轻人能够在哪怕是乡村都能很好地生活下去。所以，这一代日本青年的内心非常踏实，他们更加重视及时行乐，尽管他们没存什么钱。

## 从“第一消费时代”到“第四消费时代”

在经历了日本经济几度的潮起潮落后，日本人在消费面前内心已平静无波澜。前些年，中国的年轻人一如当年的日本年轻人，热衷信用卡消费，高额消费致使部分人成为“月光族”

1　陈彩虹．“断舍离”与经济学［J］．读书，2019（03）：3-10.

甚至“月欠族”。我也经常从电视里看到中国大妈疯抢奢侈品等让人目瞪口呆的新闻。时至今日，消费的狂热退去，中国人也学着日本人开始回归理性消费，现在中国消费趋势的变化与日本有些类似。同时中国诸多产品也开始模仿素简的设计风格，回归产品该有的形态。

有学者称，世界已逐渐步入第四消费时代，人口减少与人口老龄化是大势所趋，人们的消费观将不同以往，趋于朴素和实用。“第四消费时代”的概念最先由日本著名的社会学家三浦展先生提出，作为一位拥有三十多年消费社会研究经验的专业人士，他将日本的消费时代划分成四个阶段，并认为现在的日本已经进入了“第四消费时代”。

自工业革命发生后，机器渐渐成为人类征服和改造自然的工具，人类的双手被解放出来，生产力得到飞跃式发展。原来的个体工场手工生产被大规模工厂化生产替代，商品的数量与过去相比有了爆发式增长。这意味着需要有更多的消费者来为这些商品买单，这时候人们的消费行为、消费动机等较农业社会时更为复杂化和多样化。

在三浦展先生看来，日本近代以来的消费社会是 20 世纪初期开始形成的，当时处于第一次世界大战的大环境中，因其带来大量的战时需求，推动了日本经济的繁荣发展，但也在一定程度上造成了日本国内严重的通货膨胀。混乱的市场秩序对于绝大多数民众来说都不是一件幸事，却给大资本力量以“可乘之机”，这些资本在短期内就积累了大量的财富，导致日本的贫富差距逐渐扩大。

大资本力量源源不断地向东京、大阪这样的大城市集中，而更为方便的交通、更多的致富机遇、更加西化的生活方式也吸引着各地的人口不断涌入大城市，近代都市的雏形渐渐饱满。密集的人流为第一消费时代的形成创造了条件，自 1912—1941 年，日本进入了以东京、大阪等大城市为中心，占当时国民总数一成或两成的中等阶层享受消费的时代。

这一消费时代的特征是消费圈子比较狭窄，仅在东京等大城市中发展，但是这些地方的青年成为时尚的代言人，他们追求象征“进步、文化”的摩登生活，吃西餐、穿西装、购买西化的商品，按照西方的生活方式生活，对日本之后几个消费阶段的出现产生了深远影响。

在某种程度上，1945—1974 年的第二消费时代可以视作第一消费时代的扩大化。这期间，人口继续向大城市流动，城市面积不断增加，消费社会也不再局限于东京等大城市，而是逐渐向全国辐射。

第二次世界大战对日本社会经济造成的破坏无疑是巨大的，战后的日本资源极度匮乏，甚至很多人在为如何生存下去而发愁，消费的欲望因资源匮乏而被压抑。一旦经济复苏、收入增加，就会形成庞大的消费能量，这也是第二消费时代日本民众普遍追求购买私家住宅、私家车、家用电器等商品的原因之一。

与第一消费时代不同，战后日本经济实现了自复苏到高速增长的飞跃，中间阶层的人数变得前所未有的庞大，贫富差距的缩小使消费差距同步缩小，洗衣机、电冰箱、电视机、空调等大型家电成为寻常百姓家的标准配置。

当生活水平进一步提高，家中的必需品已经达到饱和时，大众化的消费已经不再能够勾起年轻人的购买欲，这时候商家就需要采取与过去“别人家有的东西，我家也想要”不同的促销手段，通过展现商品自身的独一无二性、差异性和符号性来重新唤醒年轻人的消费欲望。[1]

突出个性与差异的消费心理转变使日本自1975年开始进入第三消费时代，在这一阶段，日本经历了石油危机的动荡，又在泡沫经济时期里“纸醉金迷”，最终在泡沫破灭后重归理性。

在这一消费时代，日本人不用出国，在日本就能够享受西方发达国家的物质生活，对物质的极度渴望催生了大量的虚荣性消费，这也是这一消费阶段的一大特征。此外，上一消费阶段人们所追求的“越大越好”的商品已不再受到青睐，取而代之的是对“轻薄短小”的时尚商品的追求。

消费是随着时代改变的，简单的消费行为背后有很多消费者本人都很难意识到的因素在起作用，如社会环境、年龄、性别、已婚、未婚等，尤其是在泡沫经济破灭后，越发个人化的消费行为使人们很难对第三消费时代与第四消费时代的界限进行明确的划分。



1 （日）儿美川孝一郎，周国平．从青年消费行为看日本社会的未来形态——从勤奋走向优雅的平凡生活［J］．青年学报，2015（04）：85-89.

三浦展先生认为，20世纪90年代末期，“购物使人幸福”的第三消费时代就已经进入了最后阶段，但对转换期究竟如何定位没有清晰的答案。第四消费时代的开端可能是发生阪神大地震的1995年，可能是发生金融危机的1997年，可能是自杀人数突然增多的1998年，也可能是“生产年龄（15～64岁）人口”呈现最大值的1995年，还可能是总人口开始逐渐减少的2007年……

不过就大致范围而言，基本上可以将其锁定在1995年至2007年间，为了方便划分，三浦展先生以30年为一个区间，将2004年视为第三消费时代的终结，2005年视为第四消费时代的开端。

不过，“并不是说到了第四消费时代，第三消费时代的特征就完全消失了。”“从第一到第四消费时代的每个时期的特征，在第四消费时代中是多层重叠存在的。”[1]这也证明随着社会发展，消费行为越发复杂，那种大量生产、大量消费的时代已经一去不复返了。

进入“第四消费时代”的一个显著特征，是日本的青年一代开始不从物质上寻找幸福感，“买买买”已经不能够使他们获得内心的满足。“第四消费时代”的青年已经不再将自我满足型的生活方式和消费积极地联系在一起，他们更倾向于满足内心

---

1 （日）三浦展．第四消费时代［M］．马奈，译．北京：东方出版社，2014.

和获得小圈子如家人、朋友认可的消费。

就像当下日本青年对优衣库服装看法的改变。在2004年时，面对电视台的采访，20岁左右的日本青年表示“如果是内裤、袜子这类东西的话，也不介意穿穿优衣库的”[1]。换言之，就是能够展示自我形象的外在服装是不会考虑优衣库的。

此后的优衣库对品牌定位做出了调整，但并非迎合当时“快时尚”的服装潮流，而是着力打造基本款，更加注重服装的实用性而不是个性。这一定位很明显大获成功，如今优衣库已经成为广受日本各阶层民众欢迎的服装品牌，在国际市场上也开辟了广阔的天地。

2018年，日本杂志*Marisol*对353位读者进行了一项关于时尚意识的调查，在被调查的人群中，日本绝大多数收入良好甚至优越的阶层都会购买一般品牌的服装来进行搭配，但最常购买的品牌就是优衣库。

从热衷于购买凸显个性的服装，到不再通过服装展示自我，这种消费意识的巨大转变，体现了身处“第四消费时代”的日本青年自我满足的内向化，他们更加喜欢通过非物质的东西来提升自己的幸福感。

---

1 邱道愉．幸福可以“购买”——日本“第四消费时代”之启示［J］．同舟共进，2020（02）：28-30.

## 不安心理是最大的拦路虎



消费心理会在一定程度上影响人们的消费行为，如战后日本经济高速增长的时期，青年跟风进行攀比的消费心理使他们不停地购买商品，别人有的自己也要有，否则就是落后他人。

随着经济发展，那些必需品已经购买到位，很难再找到什么需要买的东西时，求异的消费心理就开始出现，从“别人有的我要有”变成了“我要有别人没有的”。但是想要做到这一点几乎不可能，所以后来又出现了通过购买奢侈品等高档商品来表现自己个性的炫耀性消费。

无论以上哪种心理，都建立在对未来抱有乐观看法的基础上，这也为日本战后经济增长注入了巨大的动力，而当前日本民众普遍存在的不安心理，成为消费最大的拦路虎，对迫切希望通过扩大内需而恢复经济景气的日本政府来说，如果不能消除民众的不安心理，这一愿望将很难实现。

## ● 对宏观经济的不安

首先，这种不安来自对日本的宏观经济的判断及对未来的不确定。过去较长一段时间内，大环境的变化使经济全球化的程度不断加深，由于日本人口出生率持续下降，劳动力减少，一些企业因为业绩不振纷纷将生产基地向海外转移，这些企业大多属于为日本经济增长贡献良多的制造行业，这也使日本的经济形势进一步恶化。

此外，巨大的财政赤字和繁重的国债，也是日本青年不安的原因之一。



日本是典型的政府主导市场经济体制的国家，为刺激经济增长，日本政府多次实施财政扩张政策，甚至不惜背负高额的外债。

1964 年，为大力迎接在东京举办的第 18 届奥运会，日本向世界银行借了大量的资金来建造东海道新干线这样的基础设施。由于当时日本政府的财政收支仍处在盈余状态，所以少量的外债还是能够消化的。但在平成年代，长期的经济不景气已经很难对庞大的债务进行吸收了。

1965 年 12 月，日本政府在第二次世界大战之后首次发行 2590 亿日元的赤字国债，此后频繁实行的扩张性财政政策使日本的财政赤字额持续增长，尤其是 20 世纪 70 年代初为重新调整工业布局而大规模开展公共设施建设，并不断提高社会福利、减低税收，使财政支出和收入的差距大幅扩大，赤字额在 1970 年还是2715亿日元，到1973年时，赤字额已高达19837亿日元[1]。

扩张性的财政政策促进了日本经济的发展，但一旦超过界限也会引发经济危机，如因通货膨胀而经济停滞。为应对这种问题，日本政府实施控制需求的紧缩政策，但这种政策到达临界点后同样会造成经济衰退，为此政府又会转变策略采取扩张性财政政策，日本的经济大车在财政赤字的道路上摇摇晃晃地前行着。

2012年安倍政府上台后，迫于日本经济的下行压力出台了一系列经济政策，财政预算也不断扩大。如安倍晋三刚上台那一年度的财政预算为90.33万亿日元，2013年时增加到92.61万亿日元，2014年时继续增加到95.88万亿日元，2015年时已经增加到96.34万亿日元……虽然财政预算不断增加，但日本整体的经济规模却基本没有变化，这使得日本政府的财政压力不断增加。[2]

为实现两年内2%的通胀目标，摆脱日本长期以来的通货紧缩，时任日本央行行长的黑田东彦提出了一个大胆的货币政策，即通过增加基础货币量对市场进行调节，使日本央行陆续购入占GDP80%的400多万亿日元国债。但是这一举动非但没能刺激经济复苏，反而加重了日本青年的不安，使他们的消费欲望进一步降低。



---

1 贡慧．日本财政赤字的经济分析［D］．复旦大学，2012.

2 张季风．“安倍经济学”给日本带来什么［EB/OL］．［2016-11-02］.http：//ijs.cssn.cn/xsyj/xslw/rbjj/201711/t20171102_3691684.shtml.

前所未有的巨额国债增加了潜在的债务风险，一旦国债出现贬值，日本国民将会成为损失的实际承担者，这加重了民众的负担和不安感。日本不断扩大的财政赤字和高额的国债，使日本的国家财务状况持续恶化，成为全球第一负债国。

长期经济增长毫无起色，但是国家债务却在持续增加，长此以往，这对日本政府信用度的损害将是十分严重的。政府的债务不断增长，违约的风险也在不断加大，如果投资者对政府完全失望而不再为国债"买单"，很可能导致政府预算失控，让日本财政因无力偿还高额债务而破产，使日本社会遭受严重危机。

平成一代的日本青年没能享受经济增长带来的福利，却要为可能出现的危机而担惊受怕，在这种不安心理的影响下，不敢放开消费也是可以理解的。

2020 年的新冠肺炎疫情造成世界经济大幅萎缩，日本经济也受到影响。国际奥委会主席巴赫说："疫情这条黑暗隧道，我们都不知道何时才能到达尽头。但我们会一起走过，而奥运圣火将是黑暗尽头的那束光明。"我相信，不得不延期一年举办的东京奥运会，将会对日本经济产生一定的拉动作用。

## ● 对不稳定就业的不安

不结婚、不生育、不买房，几乎是每个日本年轻人的现状，这也跟当下中国青年非常相似。

2017 年，日本厚生劳动省发布报告显示，日本男性平均每

4人中，就有1人终生未婚。18岁到34岁的未婚者中，70%的人未谈任何形式的恋爱。受访者们觉得婚姻是束缚，婚房是负担，生育更是沉重的事情。从平成元年开始，日本生育率一路下降，2003年之后，日本儿童数量甚至不及日本猫狗的总数量。

日本年轻人的心态正在逐渐由斗志昂扬、目标远大变得“佛系”和易于满足。对于他们来说，现状似乎并不是太差，日本未来发展感觉也不会变好了，收入也不会提高，所以他们觉得不需要那么努力。当这样的思想开始蔓延时，也意味着日本的消费将会持续降低，企业利润减少，最终导致企业裁员，个人消费也会因此进一步降低，在这样的恶性循环下，经济很难得到发展。



收入是消费的前提和基础，可支配的收入数量与消费量的关系成正比，消费的增速也受到收入增速的影响，收入增长快，那么消费量的增速也会变快。20世纪90年代中期，日本青年的工资水平达到峰值，之后一直在不断下降，即便其间偶尔有小幅度上升，但整体的下降趋势仍不可避免。

不过这并不是降低青年一代消费欲望的核心因素，因为和下降的工资水平一样，日本的物价也在不断下跌。

20世纪90年代，日本在经历了泡沫经济破灭、通货膨胀率不断下降以及地价下跌后，很多金融机构的投资无法收回，形成数额庞大的不良债权。这时候很多银行已经没有能力处理这些不良债权，只能宣布破产。

随着6家日本大型金融机构相继宣布破产，日本的金融秩序以迅雷不及掩耳之势陷入了混乱。为解决不良债权问题，日本政府投入了数额庞大的救助金为这些破产银行善后。到2003年时，投入的救助金总计已超过40万亿日元，而其中有10万多亿日元的资金无法收回，只能分摊到日本国民头上，平均每个日本人要负担8万日元。此外，1992—2006年，日本全国的银行因不能收回而作为亏损处理的不良债权总额高达96.78万日元，这些损失最后还是落在了日本国民头上[1]。

金融市场的动荡波及了日本社会的方方面面，日本经济自此陷入了长期的通货紧缩中，物价一路下滑，虽然在平成时代，历任日本内阁“八仙过海，各显神通”，但都没能挽救日本经济的颓势。无论日本政府采取怎样宽松的货币政策，甚至不惜背负高额债务来扩大财政支出，但是通货紧缩的状况始终未得到缓解。

即便物价已经远远低于20世纪日本经济景气时期的物价，但是日本青年依旧不愿消费，或者说不愿为价格更高的商品消费。现在东京的各大百货商店里，已经很难看到年轻人的身影，反而是在街头四处可见的百元店里，能够见到年轻人在大量购买物美价廉的商品。

日本百货业的式微与“百元店”的强势崛起，很好地反映出泡沫经济破灭后日本青年消费观念的转变。20世纪80年代，

---

1 （日）野口悠纪雄．战后日本经济史［M］．张玲，译．北京：民主与建设出版社，2018.

财大气粗的百货公司可以说是看不上本小利薄的百元店，但现在百货公司的市场规模一缩再缩，反倒是曾经不被看好的百元店规模却一再扩大，甚至将生意做到了海外。

日本民族的性格非常谨慎，他们不像美国人那样富有冒险精神，即便是在战后经济高速增长时期，绝大多数日本国民的消费行为都是经过深思熟虑，小心翼翼的，毕竟高消费的背后离不开高储蓄的支撑。有时候有了钱，才会有生活的底气。

除了当前收入的多寡，日本青年们对未来收入的预期也影响着他们的消费行为。如果一个人对自己未来的收入预期乐观，那么为提高现在的生活水平而多投入一些钱是极有可能的，有些人甚至会通过提前预支未来的收入来享受当下的生活，以获得满足感，如贷款消费。但是一旦人们对未来的收入预期悲观，比如工资下降、面临失业风险等，就会抑制自己的消费欲，尽量减少消费量，以备不时之需。现如今，日本青年对自己未来的收入就抱有极大的担忧。

年轻人原本应该是富有朝气、敢闯敢拼的，为什么现在日本的年轻人却提前过上了低欲望的“老年生活”呢？这和日本特殊的雇佣制度有关。

泡沫经济破灭后，大量的企业破产倒闭，那些勉强支撑的企业不得不缩小规模，大量裁员。“终身雇佣制”和“年功序列制”这两种曾经支撑战后日本经济增长，令日本国民骄傲的制度趋向解体，一场雇佣体制的变革在所难免。

为了扭转经营不善的局面，很多企业纷纷放弃了此前对员工“不抛弃、不放弃”的承诺，开始学习西方的企业制度，对员工绩效进行考核，更加重视员工的工作成果。考虑到成本开支，企业开始减少对正式社员的雇用，增加非正式雇佣员工的比例。2016 年 1 月，日本联合综合生活开发研究所发布了一项关于《非正式雇佣者的调查数据》的报告，1989 年日本非正式雇佣员工人数为 817 万人；但在 2014 年时，非正式雇佣员工人数上升到 1962 万人，占总雇佣人数的 37.4%；到 2018 年时非正式雇佣员工人数已高达 2120 万人。[1]

与正式社员相比，非正式雇佣员工收入水平更低，不能享受和正式社员相等的企业年金、退职金等企业福利，很难获得企业内部的培训机会，也很难提升职业技能，从而成为正式社员的机会也很低。而且，随着年龄增加，他们的就业机会也不断减少，未来的生活令人担忧。

非正式雇佣员工的就业始终处于不稳定状态，失业率也比正式社员要高出很多。在大环境恶劣或经营不善时，企业为了保证正式社员的待遇，会首选裁减非正式雇佣员工，这增加了他们收入的不稳定性。

很多非正式雇佣员工在成年之后仍然选择和父母同住，在没有收入来源时依靠父母的年金维持生活，他们很难凭借自己的能力组建家庭，所以很多人都推迟了结婚时间，甚至终身不



---

1 胡澎．从“增长型社会”到“成熟型社会”：平成时代日本社会的转型、困境与应对［J］．日本学刊，2019（05）：1-24.

婚。有数据显示，20～39岁的日本男性中，正式雇佣者结婚的比例，是非正式雇佣者的两倍以上。[1]

目前日本非正式雇佣劳动者中，年轻人的占比正在不断增加，这与泡沫经济破灭后的就业冰河期关系密切。

20世纪20年代，日本企业开始推行以“新毕业生优先主义”为指导，“从新毕业生中统一地一次性录用正式员工”的雇佣制度，以保障毕业生就业。这渐渐成为日本企业招聘的传统。



在经济景气时期，这项制度对毕业生来说无疑很有吸引力，但是在经济不景气的时候，这项制度使年轻的劳动者不得不面对“就业冰河期”。

泡沫经济的破灭使企业对未来经济走势的预期降低，与之相应地，企业对新员工的需求也不断减少，“有效求人倍率从1993年开始逐渐降低，1999年仅为0.48，此后逐渐回升，2006年恢复到1.06”[2]，但是紧接着又遭遇了2008年爆发的金融危机，应届毕业生再次遭遇就业困难。

1993年以后，日本应届毕业生们开始很难进入公司成为正式社员，尤其是2000—2005年毕业的大学生面临着最为严峻的就业形势，一半大学毕业生都没能顺利工作。由于大公司的正式社员一般来自应届生，因此如果大学生当年没有成为体面的

1、2 平力群．日本“2042年问题”［N］．中国社会科学报，2016-06-06（007）．

正式社员，以后也很难成为正式社员，所以这些刚刚步出“象牙塔”的年轻人对自己的第一份工作极为看重。

他们中有的在各大招聘会上忙碌奔走，却一无所获；有的为成为正式社员而降低自己的期望值，但在入职后又因不能适应工作环境而很快离职；有的在遭遇求职挫折后放弃求职，成为依靠父母生活的“尼特族”[1]……

大多数日本应届毕业生没能找到合心意的正式社员工作，都加入了不断壮大的非正式雇佣者队伍，而由于非正式雇佣者工作的不稳定性，他们对自己的工作、生活都报有极大的不安感。在这种情况下，他们对消费的欲望很难得到提高。

企业选择应届毕业生作为正式社员，并对他们重点培养，相较于不稳定的非正式雇佣员工，他们的工作稳定性也更高。但是随着企业进一步调整正式社员与非正式社员的比重，更多的工作量被分配到正式社员身上，他们的工作压力增大，长此以往给他们的健康带来了沉重负担。日本应届毕业生并非成为正式社员就拥有了“铁饭碗”，但即便如此，还是有很多日本青年将成为大公司的正式社员视为自己的人生追求，而女性也更倾向于和收入稳定的正式社员结婚，因此为结婚和生活更稳定而储蓄的正式社员也不在少数。

---

1　尼特族，对 NEET 的译音，全称为 Not currently engaged in Employment,Educationor Training，最早在英国使用，之后渐渐在其他国家也开始使用，指一些不升学、不就业、不进修或不参加就业辅导，终日无所事事的族群，也称啃老族。

## ● 对晚年生活的不安

我们这一代“80后”，在压力中成长，背负着高房价的重压，还要提防生活中随时可能出现的种种状况。这一点，中国的青年与日本青年都有同样的焦虑。

经济的长期不景气，使日本青年对充满不确定因素的未来普遍抱有不安感，通货紧缩使物价上涨困难，虽然看上去对消费者是件好事，但是实际上，过低的物价使企业很难从中获得利润，这会降低投资者的投资信心，使企业的生产规模也得不到扩大。即便企业能够持续经营，平平淡淡的效益却使老板很难给员工涨薪。员工对未来收入的预期降低，当前的消费就会受到影响，这就使整个社会陷入了低欲望的怪圈。

在众多对未来的不安因素中，人口老龄化问题始终是悬在日本青年头顶上的一把利剑。数据显示：1970年，日本65岁及以上的人口占总人口的比例超过了7%，日本迈入老龄化社会；在1994年这个比例达到了14%，日本进入老龄化社会；2007年这个比例更是达到21%，进入超老龄化社会。然而，日本65岁及以上的老年人口占总人口的比例在2017年9月已达27.7%，如果继续以这个趋势发展的话，到2060年日本老龄化率将达到39.9%，这说明到时候每2.5名日本人中就有1名65岁及以上的老年人。[1]



1　丁英顺．日本人口老龄化问题研究［M］．北京：社会科学文献出版社，2018.

这一数据无疑是可怕的，意味着现在的日本青年将在40年后成为庞大的老年人群中的一分子，而已经负债累累的日本政府真的能在未来负担起自己的晚年生活吗？在现有的社会保障制度中，日本青年们没有发现能够令自己心安的好消息，所以只有不断缩减现在的生活开支，为年老后不至于在贫病交加中孤独地死去而拼命储蓄。

在日本，与人口老龄化问题同样严重的是少子化。一般来说，一个国家要想维持人口稳定增长，总和生育率[1]就要保持在2.1以上。泡沫经济时期，日本的总和生育率就已经出现下降趋势，而1989年的“1.57危机”[2]使日本举国震惊，这意味着日本开始步入少子化社会。在1997年，更是出现了老年人口首次超过少年儿童人口的现象，日本少子化问题愈加凸显。到2005年，总和生育率更是降到了1.26，人口出现负增长，此后一路下滑，2016年时新生婴儿数量只有97.7万人，首次跌破100万人，且减少趋势并没有得到遏止。[3]

自古以来，日本人存在的一个传统观念是，人老之后最好的养老场所是家庭，在长时间里，儿女们就是老人晚年生活的保障。然而少子化问题的出现，使下一代人口锐减，而且日本

---

1 总和生育率，也称总生育率，指一个国家或地区的妇女在育龄期间，每个妇女平均的生育子女数。

2 1989年，日本总和生育率下降到1.57，被称为“1.57危机”。

3 胡澎．从“增长型社会”到“成熟型社会”：平成时代日本社会的转型、困境与应对［J］．日本学刊，2019（05）：1-24.

受西方核心家庭观念的影响，日本社会中传统的家庭养老功能在如今日趋弱化。虽然政府出台了护理保险制度等从社会角度来帮助老年人安度晚年，但仍存在机构养老设施供给不足、护理费用高等问题。所以在日本还是有很多老年人需要孩子担负赡养责任。

事实上，为了照顾老人而选择离职或成为时间相对自由的非正式雇佣员工的日本青年不在少数。日本总务省关于就业构造的调查显示，“2002 年 10 月至 2012 年 9 月的 10 年间，‘为了护理或看护’而离职的人数达到了 105.46 万人”，且近年来这一数字在不断上升。尤其是原本的双职工家庭，妻子因护理老人而失去工作，或做一些工资、福利都远比之前低的合同工、钟点工，家庭生活因此陷入贫困，进而导致争吵、离婚等危机的可能性大大增加。[1]

原本劳动力就因人口老龄化、少子化问题而不够充足，这些年富力强的青年又不得不因为照顾老人而失去稳定的工作，甚至使家庭面临破碎的风险，这对日本社会来说可谓一种极大的资源浪费。

反观同样处于老龄化社会的瑞典，在解决养老问题上就与日本有很大差别。瑞典多年来都致力于积极应对人口老龄化问题，积累了丰富的经验，并且取得了极大的成效。瑞典政府先

1 （日）大前研一. 低欲望社会："丧失大志时代"的新国富论[M]. 姜建强，译. 上海：上海译文出版社，2018.

是通过立法来确定养老服务的公共责任，使瑞典国民的老年生活有了法律保障。

瑞典在养老服务体系的建设以及完善上，经历了由家庭责任到公共责任、由贫困救济到普遍权利、由非专业化到专业化的发展过程。从 20 世纪 20 年代开始，经过近一个世纪的发展，具有公共责任、普遍权利、地方自治、高度专业化等特征的养老服务体系在瑞典逐步建立起来，瑞典也凭借自身的努力成为目前世界上养老服务投入最为慷慨的国家。[1]

正是因为有了完备的社会保障制度，所以瑞典国民对年老后的生活十分放心，在年轻的时候也就能毫无顾虑地享受生活，反观平成时代的日本青年，却因对不够安定的老年生活顾虑重重而不敢消费。

人口老龄化和少子化成为压在日本青年头顶的“两座大山”，使他们在年轻时就开始对年老后的生活感到不安。而且这种担忧并非毫无来由，从近 10 年间日本政府两次增加消费税上就能看出端倪。

日本于 1961 年正式开始实施为全体国民制定的《国民年金法》，为全体国民的老后生活提供基本保障，而年金制度自那时起就成为日本社会保障制度的支柱之一，使国民的基本生活和医疗得到基本保障。这一制度的实施不会受到阶层的阻隔，所

---

1　马骁．当代瑞典养老服务体系研究［D］．山东大学，2016.

以为缩小贫富差距起到了一定的积极作用。

然而，随着老年人口数量不断增加，日本政府用于年金、医疗以及护理等方面的社会保障支出也越来越多，财政压力也越来越大。1970 年，日本财政在社会保障上的支出仅为 1.2 万亿日元，到 2018 年就已攀升至 32.6 万亿日元。

如果从增加幅度来看，从 1970 年开始，社会保障费用增加约 10 万亿日元所需的时间由 20 年缩减到 15 年，再进一步缩减到 10 年，增速不断加快。同时期内，社会保障支出占总支出的比列也在不断上升，到 1970 年已经接近 15%，2000 年时接近 20%，2010 年时接近 30%，2018 年时已高达 32.9%。[1]



面对急剧增加的社会保障支出，日本政府不得不通过大量增发国债来缓解压力，但是这并非长久之计。2014 年 4 月 1 日，为筹集年金等社会保障费用，日本政府将消费税从 5% 上调至 8%，这是自 1989 年消费税实施以来的第二次上调，首次上调是在 17 年前的亚洲金融风暴。

在这次消费税改革中，日本政府在法律上明确将消费税作为社会保障目的税，并将税收收入全部纳入社会保障财源，用在扩充和改善社会保障制度、健全财政等方面。日本政府原计划在 2015 年 10 月再次提升消费税，但是由于之前消费税上调至 8% 后，当年的经济增长率出现负值，仅为－0.9，使日本经

---

1　李清如．消费税改革与日本平成时期经济社会变迁［J］．国际税收，2020（02）：42-51.

济遭受巨大冲击。所以直到 2019 年 10 月，消费税率由 8% 增至 10% 的计划才得以实施。[1]

随着日本人口老龄化不断加深，领取年金的人口数量也逐渐增多，青年人不得不扛起肩上的重担。

越来越多的青年成为非正式雇佣员工，只能参加国民年金而不能得到正式社员享有的厚生年金保障的他们，退休后只能领取最低年金勉强维持生活。赡养老人的重担、加重的税负负担、看不到希望的未来……在这种严峻的形势下，青年如何才能大胆消费呢？

2013 年 10 月，一本名为《轻松教育世代》的书在日本出版，书里把因经济不景气而缺乏消费欲望的年轻人称为“无欲无求的一代”。书中写到日本当代年轻人“不玩车”“不喝酒”“不出国旅行”，并且他们的消费能力正在下降。

尽管压力很大，但在经历了大起大落之后，日本经济在政府的不懈努力下正处于恢复期，年轻人的就业率正逐年上升。在 2000 年左右出生的人群的消费欲望强烈，这群 20 岁左右的年轻人显得非常活跃。即使他们还是精打细算地经营着生活和消费，但对未来他们不会感到不安，反而非常积极。



1 李清如．消费税改革与日本平成时期经济社会变迁［J］．国际税收，2020（02）：42-51.

# 阶层分化导致消费人群分化



第二次世界大战结束后，日本国民通过辛勤工作缔造了从经济复兴到高速增长的奇迹，成为亚洲率先实现现代化的国家。

这之中，得益于“终身雇佣制”“年功序列制”“企业工会”三种日本企业独特的经营制度的运作，国民就业率得到不断提升，阶层差距也在税收政策的调控下显著缩小。再加上收入再分配制度和社会保障制度的保驾护航，处于下流阶层的日本国民得到了社会再生的制度援助，整个社会均等化发展逐步实现，日渐庞大的中产阶级成为日本经济发展的中坚力量。

但如今，曾经令日本国民感到骄傲的全民中流化、较小的贫富差距已经变得摇摇欲坠，更有不少学者认为当下日本社会国民之间的个人收入、学历、生活需求等方面的差距正在不断扩大，这些变化正反映了当今的日本从“中流社会”向“下流社会”的转变。

## ● 从“中流”到“下流”

当前日本越来越多的年轻人，从原先的“中流”慢慢向“下流”社会滑下去，即使他们努力想要改变自己的生活方式，但现实的经济环境、生活状态慢慢在消磨他们对生活的热情。

我这里所说的“下流”，并非传统意义上对处于社会底层的穷人阶层的指称，而是相当于中产阶级中的下层。当今日本社会出现的“下流化”，也是指处在中流阶层的日本国民生活水平向下层沉降的一种倾向。

在经济景气时期，日本社会整体显现出一种“向上”的生长力，青年群体中处于“下流阶层”的部分通过各种努力向“中流阶层”靠近的意愿十分明显，因为向往“上流阶层”的富裕生活，所以他们通过辛勤工作提高生活水平的动力也很足。

而对于现在日本的青年一代，在他们生活的年代，日本就已经成功实现了“一亿总中流”，所以他们并不能像父辈那样，对贫富悬殊的阶层差异有直观的认识。生产力水平的提高改善了物质生活水平，使得过去只有富贵人家才能消费的电视、电冰箱、洗衣机等家用电器如今已变得很平常，所以他们失去了向“上流阶层”攀登的动力，导致“中流阶层”开始出现分化。

如果把中流阶层的阶层意识，进一步细分为“中上”“中”“中下”三个层次。可以发现，日本国民的阶层意识出现了很明显的向下沉降趋势。通过日本内阁府对国民生活意识的调查，我们可以清晰地得出这一结论。

根据调查，1996年，认为自己的生活水平与社会上的一般人相比处于“中”水平的日本国民占比有57.4%，而在2004年时这一数字降至52.8%；认为自己的生活水平处于“中下”的国民比例，1996年为23.0%，2004年增至27.1%；至于认为自己的生活水平处于“中上”的国民比例，仅从1996年的10.8%微降至9.6%，变化幅度并不大。[1]

这一数据说明，“下流化”并非日本国民普遍表现出的倾向，处在“中上”生活水平的国民仍基本保持着较高水平的阶层意识，而原本生活水平处在中间层次的国民却向下层沉降。中层人数逐渐变少，下层人数却日渐庞大，并且跌落至贫困人群的风险也在不断上升，这些表现更反映了日本社会的阶层分化正日趋扩大。

由于现代化经济的飞速发展，物质产品已经变得极为丰富，而随着全民教育水平的整体提升，曾经横亘在不同阶层间的接受知识的鸿沟也渐渐消失，所以我们很难像过去那样根据一个人的着装、谈吐等外在表现来判断他属于哪一阶层。处于下流阶层的人并非穷困潦倒，反而过着衣食无忧的生活，那么我们怎么来确定某人属于这一阶层呢？

日本的社会学家三浦展先生的看法是，身处下流社会的人，他们最大的特征并不仅仅是低收入，更在于沟通、生活等能力，

---

1 （日）三浦展．下流社会：一个新社会阶层的出现[M]．陆求实，戴铮，译．上海：上海译文出版社，2018.

以及工作、学习、消费等欲望的全面下降，也可以说是“对全盘人生热情低下”。[1]

在所有年龄段的日本国民中，青年群体的“下流化”表现最为明显，一方面是物质生活的丰富程度，致使很多年轻人失去了进一步提升自己生活水平的动力，但另一方面的原因则是社会阶层的分化使贫富差距越来越明显。富裕阶层能够接受更高水平的教育，拥有更广泛的人际交往，从事更好的工作，而相对贫穷的阶层在教育水平、人际交往、工作生活等方面都与之相差甚远。

“富者愈富，贫者愈贫”，这种社会各阶层之间流动性越来越差的表现，昭示着日本社会阶层的分化出现了固化的倾向。对现在的青年一代来说，这种倾向无疑是极为不利的，也是导致他们“低欲望”的深层原因。

在第二次世界大战结束后的景气时期，作为社会中坚力量的团块世代通过拼命工作累积了大量的财富。现如今他们虽然已经老去，但因为日本社会突出的人口老龄化和少子化问题，庞大的老年群体仍掌握着大部分的社会财富，甚至有相当一部分人坚持在工作岗位上继续发光发热。

原本经历了就业冰河期的青年一代面临着严重的就业压力，而很多管理层的岗位还被资历更深的前辈占据，加之企业为降

---

1 （日）三浦展．下流社会：一个新社会阶层的出现[M]．陆求实，戴铮，译．上海：上海译文出版社，2018.

低用人成本，增加雇佣那些与正式社员相比薪水更低、福利更差的非正式员工，导致日本社会低收入劳动阶层的队伍因企业中非正式员工数量的增多而不断壮大。

虽然很多国家都有低收入劳动阶层，但是日本国民一向认为“日本是个人人平等的国家，低收入劳动阶层的出现刺破了日本人对这一观念的信心，并抑制了大众的消费性支出”，[1] 可以说，出现的阶层分化对日本青年的影响是巨大而负面的。

阶层的分化必然致使社会结构重新调整，也会导致消费人群出现分化。这其中，由于日本“男性支配”的传统在快速变迁的时代中失去了根基，女性的地位逐渐得到提升，男性阶层和女性阶层的分化也出现了差异。



## ● 男性阶层的分化

在日本社会的传统观念中，男性与女性角色分工十分明确，男性负责在外工作、挣钱养家，女性负责家庭，主要生儿育女、操持家务、护理老人。这一点在中国也是行得通的。虽然目前这种“男主外，女主内”的格局已经因为女性意识的崛起而渐趋分崩离析，越来越多的女性不再只囿于小小的一方家庭，而是和男性一样能够拥有自己的事业，在职场上大放光彩，但是传统的巨大惯性使大多数人仍旧将夫妻双方中的“夫”视为家

1 （英）戴维·皮林．日本：生存的艺术［M］．张岩，译．北京：中信出版社，2020.

庭的支柱，而要求男性在工作、收入等方面高于女性也成了一种隐性的共识。

日本男性阶层的分化主要受就业影响，进入平成时代后，经济的长期不景气使大部分中小企业的发展规模受到限制，这直接影响了青年一代的就业以及收入水平。

在这样的背景之下，能否获得工作，以及能获得什么样的工作对日本男性而言就显得极为重要了。由于就业压力过大，青年群体中甚至出现了“成功就职就是胜利者”的思想，且在学历较低的人群中，这种思想更为流行。

在能否获得职位的顺利程度上，除了工作能力的强弱外，在很大程度上也受到其家庭所属阶层的影响。如日本的劳动政策研究机构就就业问题对 15 ～ 34 岁的年轻人群进行了调查，他们发现，家庭收入与自己能否顺利就业的关系成正比，包括父母在内，家庭全部人口的收入越高，本人被企业正式雇用的比率也越高；反之家庭全部人口收入越低，本人成为无业者的比率也越高。[1]

20 世纪 90 年代日本经历了“泡沫崩溃”后，企业在用人结构上进行了很大的改革，曾经只要能够顺利从高中毕业，就几乎能够拿到铁饭碗的时代一去不复返，大量的应届毕业生不得不退而求其次，寻找非正式雇佣工作来维持生活。尤其是从 20



1 （日）三浦展．下流社会：一个新社会阶层的出现[M]．陆求实，戴铮，译．上海：上海译文出版社，2018.

世纪 90 年代后期开始，日本企业借鉴的西方“成果主义工资制度”逐渐替代了之前普遍实施的“能力主义工资制度”，原本一直都随着工作年限的拉长而稳步增长的工资也充满了变数。[1]

由于贫富差距不断扩大，身处不同阶层的青年在成长过程中所接受的教育水平也出现了显著差异。家境良好的群体自小就能够接受学费和教育层次都更高的私立学校教育，并通过各种学习班不断提升自己的能力，他们能够拥有更高的学历并通过名校毕业生的响亮名头获取更为优质的工作。

至于家庭条件一般的群体，只能接受公立学校的教育，并且部分人会因家境原因不能进入大学进一步提升自己，不得不在高中毕业后就步入社会，他们极可能受限于低学历而很难找到正式社员的工作，甚至会为过高的失业风险而感到焦虑不安。

学历不同的男性青年在步入社会后会因工作差异而出现分化，学历相同的男性青年在正式入职后同样会出现分化。他们中的一部分人拥有提升自己所属阶层的强烈渴望，在入职初期就确定了明确的奋斗目标，他们希望通过勤奋工作来展现自己的能力，并会为将来能够成功进入管理层而不懈奋斗。

另一部分人看上去则显得不那么有抱负，与牺牲当下而创造美好的未来相比，他们更倾向于享受当下的生活，工作和薪



1　张钟月 . 日本企业绩效工资制度的实证研究：关注对工作环境和工作动机的影响［J］. 日本学研究，2009（00）：415-440.

酬过得去就好，没必要为追求更高的职位和收入而拼命工作，因为当下的收入和工作节奏已经足够他们过上优质生活。

价值观与工作追求的差异，使学历相同的男性青年阶层进一步分化，大致可以分为“白领精英族”“乐活族”“SPA！族”和“自由打工族”四种类型。

“白领精英族”与团块世代中较为普遍的“企业战士”类似，更高的职位和收入是他们的人生追求。他们拥有较高的学历，性格外向，喜欢主动出击，拥有明确的人生规划。在消费上，他们喜欢追求那些能够彰显身份地位的商品，如宝马轿车、劳力士手表等。通过先人一步得到被大多数人向往的潮流商品，他们能获得优越感和满足感，但是这类人群往往不具有个性鲜明的价值观。在对高档商品的消费欲望上，“白领精英族”是四种类型中最高的。

“乐活族”[1] 崇尚慢生活主义，“健康、快乐，环保、可持续”是这类族群长期以来倡导的核心理念。“乐活族”不仅关心环保，也重视自己的健康。他们十分注重个人成长，希望通过消费和衣食住行的生活实践使自己变得有活力。[2]

虽然“乐活族”拥有相对较高的学历和收入，但是这一群体并不热衷于提升自己的社会地位，颇有“淡泊名利”的意味。

---

1 “乐活族”，一种西方传来的新兴生活形态族群，其称呼是英语 Life styles of Health and Sustainability 缩写“LOHAS”的音译，意思是以健康和自给自足的形态生活。

2 苏亚新．“乐活”：走向东方［J］．宁波经济（财经视点），2009（09）：50-51+53.

在消费上，他们更偏爱那些能够彰显独特品位的二三流品牌，因为相较于外在的高级感，他们对商品具有的深厚底蕴更为关注。一般情况下，他们不会因为流行去购买高档商品，简约朴素的生活方式更为他们所提倡。

“SAP！族”是指介于中流与下流之间的男性白领群体，这一群体平时爱好是读各类杂志，喜欢赌博，对未来的人生没有明确的规划，工作热情也不高。他们虽然也有固定的工作，但是工作起来很被动，并且由于能力平平，经常花费大量的时间来加班加点地工作。在消费上，他们往往不会过多关注商品的品牌，他们会购买打折商品，喜欢在百货商店购买品质相对高一些的服装，也喜欢在商品价格更低廉的优衣库消费。[1]



“自由打工族”是指 15 ～ 34 岁年龄段中打短工及有就业愿望但处于无业状态的群体，不包括在校学生和家庭主妇。他们中有的人是因为追求更具个性化的生活方式而主动做出自由打工的选择，还有的人是因为各种原因没能在毕业时顺利找到合心意的工作，不得已之下做出从事自由职业的选择，且从事自由工作的时间越长，进入企业成为正式社员的概率越低。

目前，日本社会中这一群体的数量正在不断增加，他们多集中在经济发展水平更高、就业机会更丰富的东京地区和关西

1 （日）三浦展．下流社会：一个新社会阶层的出现[M]．陆求实，戴铮，译．上海：上海译文出版社，2018.

地区。[1] 在消费上，由于收入较低和生活的不稳定因素很大，因此他们的收入主要用在衣食住行这样的必要性开支上，至于其他方面，他们只能尽量节俭并选择真正喜欢的事物进行消费，因而显得有些拮据。



## ● 女性阶层的分化

大概从汉代开始，中国和日本就开始了友好交流，迄今已有两千多年。在漫长的时光里，日本社会对中国古代的传统文化耳濡目染，儒家思想中“男尊女卑”“夫为妻纲”的观念就是其中的一种。



日本根据本国国情，将从中国传来的这些观念进行了改造，因此形成了日本本土的、特色鲜明的家庭文化。“男性支配”的传统观念使日本女性长期处于被支配的地位，她们没有属于自己的工作，无法经济独立，长久以来只能依靠男性生活，成为男性的附庸。她们也不能像男性那样接受教育，形成自己独特的价值观和权利意识，“服从”作为美德在日本社会中被大力宣扬、提倡，女人快乐和自由的源头不在于维护其自身独立，而在于学习自愿地按照要求行事。她不知自己本身应得的权利，只尽被告知的义务，改变生活的唯一方法就是通过调整自我以

1 冯素梅．日本自由职业者激增的社会原因与对策［D］．对外经济贸易大学，2006.

符合他人期望。[1]

在日本传统社会里，女性理所应当地担当起服务家庭的职责，她们以各种烦琐而不受重视的家务为工作。在对家庭的付出上，女性毫不逊于负责家计收入的男性，但是她们长久地居于幕后，且自身也很少对这种不平等的关系提出质疑。

自明治维新开启了日本的近代化之路，受到西方先进文化的冲击，日本女性的权利意识逐渐觉醒，在地位上也较过去有所提高，但男女不对等的关系仍然根深蒂固。

第二次世界大战后，由于日本工业化进程的大力推进以及“婴儿潮”的出现，已婚女性开始退出劳动市场，全力抚育孩子并细心照料辛勤工作的丈夫，为他们解决生活中的“后顾之忧”。传统的“男主外，女主内”的分工模式在这一时期得到广泛普及。“专职主妇家庭作为标准家庭成为以社会保障制度为代表的一系列制度设计的基础。专职主妇群体成为一个庞大的社会阶层，并享有较高的社会地位，她们通过相夫教子间接实现参与社会、贡献社会。”[2]

直到这时，在男性社会构造中的女性仍然较男性地位更低，如果不考虑丈夫或家庭所属的阶层，几乎所有的女性在一个相

1 （美）傅高义．日本新中产阶级［M］．周晓虹，周海燕，吕斌，译．上海：上海译文出版社，2017.

2 胡澎．困境与突围：日本女性的婚姻、家庭与事业［J］．群言，2017（03）：33-36.

同的族群（即男性）面前是完全平等的，女性可以因为同一性别这个理由而结成统一战线。但在日本，女性是不具有主体资格的，女性这个性别遭受不平等的对待，所以所有女性之间可以说并不存在过于明显的差别。[1]

20 世纪 80 年代中期，这种在某种程度上可将女性视为共同体的状况出现了明显转变，女性阶层开始出现分化，而与男性阶层的分化相比，这种分化表现得更为剧烈且在青年女性群体中更为突出，产生这种现象的最大原因同样是就业。

1986 年，日本开始实施《男女雇佣机会均等法》，该法律的颁布使女性的就业环境得到了极大改善。随着日本女性意识的觉醒，越来越多的女性选择步入职场，专职家庭主妇的数量因此不断减少。有数据显示：专职主妇家庭在 1980 年是 1114 万户，夫妻双职工家庭仅为 614 万户。此后专职主妇家庭的数量不断减少，夫妻双职工家庭数量不断增加，且在《男女雇佣机会均等法》实施后增加速度明显加快，到 1997 年时，夫妻双职工家庭数完全超过了专职主妇家庭数，并仍呈增加趋势，两者的差距被进一步放大。[2]

进入平成时代后，工作态度的转变使女性阶层分化更为明

---

1 （日）三浦展．下流社会：一个新社会阶层的出现[M]．陆求实，戴铮，译．上海：上海译文出版社，2018.

2 王伟．平成时期日本的社会变迁——从瓦解走向重构［J］．日本文论，2019（01）：1-31.

显。对于现在的日本年轻女性来说，由于受教育水平、父母所属的阶层、自己的性格和外貌等多方面因素的影响，生活模式上也会存在一定的差别，而这也进一步决定了她们走上工作岗位后所获得收入之间的差距。

一般情况下，学历越高、家境越好、外在形象和内在修养越突出的年轻女性越能获得高质量的工作，且能够拥有相对更高的收入，即便其中一些人依旧将成为专职主妇视为自己的人生追求，但通过高学历与在大企业就职的经历，她们更容易通过婚姻跻身上流阶层。不过在日本经济长期不景气的现实下，成功实现这一愿望的青年女性已经越来越少。



女性就业环境的改善还催生了一批事业心极强的女性，她们拥有高学历，家庭条件也相对优渥。她们中很多拥有海外生活的经历，阅历丰富，对自己的人生有明确规划，对工作积极。这些女性并不会因为性别差异而在竞争激烈的职场中畏缩，她们会不遗余力地提升自己的能力，也能够凭借不逊色于男性的出色能力获得更高的职位，这类女性被日本社会称为“富婆型女性”。在消费上，这类女性更为自信，名牌、美食、时尚都是她们的追求。她们享受生活，在繁忙的工作之余会去美容院、按摩院保养自己，也会不时地通过海外旅行来放松心情。

随着社会发展，工作的种类和方式变得丰富多样，一些女性在大学毕业后没选择进入企业就职而是选择从事自由职业，这类女性可称为“自然派女性”。她们通常有一技之长，如能够在美容、设计、园艺、音乐等领域工作，但是对于未来没有清晰的规划，阶层的上升意志也较弱，相较于在大企业中工作的白领阶层收入也更低。在消费上，她们并不热衷通过购买高档商品来显示自己的品位，对于音乐、动漫等亚文化现象极为关注。

还有一类女性群体特征也比较明显，她们的学历相对较低，集中在高中毕业、高中退学或专科学校毕业，大多数在服务行业从事一些不固定的工作。她们的父母多属于蓝领阶层，虽然她们向往成为专职家庭主妇，但生活环境使她们与经济条件优越的男性少有接触，所以结婚对象往往是一些低收入的男性，为此不得不从事一些兼职工作补贴家计。在消费上，她们往往选择在大型超市、折扣商店购买需要的商品，价格是她们优先考虑的消费因素。

现在的日本女性已不再是人们心目中固有的形象了，随着日本女性受教育水平的提高、性别平等观念的普及，以及现代互联网生活模式极大地冲击了日本传统的社会观念，使得越来越多的现代日本女性追求自由自在的生活，不愿意接受家庭生活的束缚，不愿意过她们的母亲一代过的那种对丈夫唯唯诺诺、在家相夫教子的主妇生活。现在的日本女性越来越独立，而且不少女性不愿意结婚，也不愿意生孩子。因此，传统的婚姻和家庭观念随着时代进步和女性自我意识的增强已经产生了很大的质变，越来越多的女性选择离开家庭，走进社会，在众多的领域施展自己的才华与梦想，甚至带领一群日本男人去创业、去工作。

在日本电影《被嫌弃的松子的一生》中，电影里令人印象很深刻的画面是，女主松子看着夕阳，大致说了这样一段台词：“只要是女人，都会憧憬童话中可爱的白雪公主、灰姑娘，可是却不知道哪个地方的环节出了问题，未来憧憬成为白天鹅的，醒来却发现自己变成了黑压压的乌鸦。可人生只有一次，如果把它看作童话的话，那这童话就太残酷了。梦想对每个人而言都是自由的，但是已经实现梦想，能够度过幸福一生的人寥寥无几。因此，绝大部分非幸运儿，要么伤心失望地长吁短叹，要么沉醉于悲伤中自怨自艾，要么就是草草地了结一生，要么笑着搪塞过去继续生活，要么将错就错走向犯罪的深渊，不论走哪条路都是前途渺茫。”谁都有实现梦想的权利，日本的女性也是，她们都应该找到自己的价值所在。



2019 年 7 月 21 日，日本举行了参议院议员选举，此次选举当选的女性足足有 28 人，达到历史上最多。相信今后会有更多的女性议员活跃在日本国会与各个行业领域，日本社会对于“孩子减少对国家生存不利，女性应该专注生育”的传统观念或许会向着“守护日本人在性与生殖的健康、权利”的观念转变吧。若真是如此，日本女性就能实现真正意义上的自爱自立，不仅是在家庭中，而是在社会各个角落，发挥属于自己的价值。

# 第二章 就业与创业

日本企业一直所推行的“终身雇佣制”“年功序列制”等本土特色企业制度被认为是推动日本走向“第一”的强大动力，因此成为各国企业效仿的典范。但现在的日本青年，不再与他们的父辈一样，随着“非正式雇佣制度”在企业中所占比重越来越大，做非正式工作的日本青年越来越多，他们周转于各个临时工、小时工、合同工之间，干着繁重的工作，而经济上的收入却与他们的实际付出不成正比。

# “终身雇佣”的陷阱

第二次世界大战后，日本经济之所以能迅速腾飞，正是因为日本处于特殊的时代，实施了符合时代要求的企业制度，使日本经济为世界所瞩目。日本企业一直所推行的“终身雇佣制”“年功序列制”等本土特色企业制度被认为是推动日本走向“第一”的强大动力，因此成为各国企业效仿的典范。 

20 世纪 90 年代，随着股票、房地产等泡沫的相继破灭，日本经济陷入了很长一段时间的不景气，“终身雇佣制”这个一度将日式企业送上神坛的制度，它的诸多弊端开始逐渐显露。

虽然在这之后，日本企业制度发生了从重视组织到重视市场的转变，企业也对以“终身雇佣”为核心的雇佣体制进行了变革。但是这场变革的主导方是企业，所以变革的结果朝向更有利于企业的方向发展，最终形成了二重结构的雇佣制度。

在这种新雇佣制度下，企业一方面继续坚持从应届毕业生中选择核心员工进行长期培养，另一方面缩减正式雇佣员工的数量，招收更多的非正式员工来降低用人成本，导致非正式雇佣员工数量逐年增加，因此表现出的群体性固化和贫困化，成为日本的又一大社会性问题。

## 从兴起到崩溃

经历过日本经济“奇迹”的那一代人，享受了那时候经济景气所带来的红利。当时，日本式经营管理被全世界企业管理者所推崇，其中“终身雇佣制”的企业制度更是闻名遐迩。日本泡沫经济破灭之后，这一曾经被广泛赞誉的制度，不可避免地受到批评。此刻，高处不胜寒，已悄悄变味为低处不胜寒。



其实“终身雇佣制”并非日本企业的正式制度，也没有任何明文法律要从更深层面为这种制度提供保障。在长期的发展过程中，其是以“企业经营者有义务和责任守护员工工作岗位”的社会共识为基础在日本企业中被普及的，这也意味着一旦整体社会环境发生改变，这种在制度上不具有约束力的“共识”就会失去根基而走向崩溃。

“终身雇佣制”的提出者是日本著名的企业家松下幸之助，他是“松下电器”的创始人，凭借传奇的人生奋斗历程以及优秀的经营管理理念，获得了令世人称赞的荣誉，被尊称为“经营之神”。

20 世纪二三十年代，美国经济大萧条影响了全球经济，在此情况下，松下电器公司的产品大量积压，公司效益大幅下降，最好的做法就是公司大量裁员。然而，松下幸之助没有选择裁员，他保住了旗下员工的饭碗。此后，松下的员工对公司充满了感恩之心，生出了“肝脑涂地”以报公司之恩的心理。在困境之下，大家拧成一股绳，齐心协力，杀出了一条血路，为此后松下电器王国的建立奠定了坚实的基础。在第二次世界大战后的经济发展中，松下公司的经济效益始终保持着和日本 GDP 相同步调的高速增长。为此，松下幸之助提出：“松下员工可以一直工作到预定的退休年龄，不用担心失业。企业也绝不会解雇任何一个‘松下人’。”这一来自企业最高领导者的承诺，为松下员工解决了后顾之忧，他们不再担心到了一定年纪后因为各方面因素竞争不过那些年富力强的青年，因而对企业产生了高度的责任感和使命感。

松下员工这种“视企业为家”的强大认同感推动了松下电器不断壮大，20 世纪 50 年代松下电器进入美国市场，并在接下来的几十年间有了突破性成长，使日本企业在世界的舞台上大放光彩。松下幸之助的巨大成功让更多人将日光聚焦到“终身雇佣”这一“经营神器”之上,“终身雇佣”被各大企业纷纷效仿，逐渐成为日式企业鲜明的经营特色。

作为日本最著名的汽车企业之一，丰田汽车公司在其创建不久便遭遇了经济危机。丰田汽车创始人丰田喜一郎效仿松下幸之助的管理方式，不愿裁员。但他最终还是辞掉了总经理职务。他在辞职之前给高级管理人员规定了以下原则：第一，丰田要努力成为一家成功的汽车公司，为日本的经济发展做出积极贡献；第二，工人和管理人员建立关系要以相互信任为基础；第三，工人和管理人员需要共同合作，不断改善公司产品，以实现公司、个人共同发展繁荣，并维持、促进这种良好的发展状态。可以说，虽然丰田公司没有明确提出“终身雇佣”这一经营制度，但其中心思想与松下电器公司的“终身雇佣制”相差无几。维护好与员工的关系，保障员工需要，从而建立起和谐、融洽的雇佣与被雇佣关系，促进企业得以持续、稳定向前迈进。



“终身雇佣制”在20世纪中期被大力推广还有一个很重要的因素，那就是当时的社会环境也很利于这种雇佣制度的发展。第二次世界大战给日本经济带来了几乎毁灭性的打击，战争结束后面对几乎瘫痪的产业经济，日本政府继续发挥在战争时期确立的“1940年体制”的优势，通过“倾斜生产力”方式迅速完成了基础产业的恢复和发展，为日本此后进行产业结构调整打下了夯实的基础。

1972年，经济合作与发展组织（OECD）到日本考察，指出日本企业中所推行的“终身雇佣制”“年功序列制”以及“企业内工会制”，是日本企业经营的三大支柱，它们被称为日本企业经营的“三大神器”，也是日本经济在第二次世界大战后得以迅速重建、发展，使日本成为世界第二大经济体的关键因素。此后，具有日本企业鲜明特色的“终身雇佣制”逐渐被世界其他各个国家和地区知晓并被全球企业纷纷效仿。

工业化的迅速推进以及经济的高速增长使企业的经营规模

不断扩大，劳动力不足的问题也随之显现。在这种情况下，实施“终身雇佣制”能够更好地吸纳人才，也有利于企业制定更长远的经营战略。

实施“终身雇佣制”后，企业从应届毕业生中大量招收员工。员工一旦进入公司基本上就会在这家公司一直工作到老，所以企业放心大胆地花费时间与金钱培养这些年轻人，这种培养方式被视为对人才的投资。这些缺乏经验的青年会从基层岗位做起，并随着在公司工作年限的增长而提升职位、收入和福利，他们对企业的忠诚度很高，也能够以企业利益为重，会在企业经营不善的时候与企业共渡难关。

“终身雇佣制”与日本古老家族制度的结构很像，被视为日本古老家族制度的继承和发展。员工像古代武士忠于将军一样忠于企业，企业也像将军重用武士一样善待员工，使得企业获得一个尊重人才的好名声，这样尊重员工的企业也将更容易招到优秀且忠诚的员工。

在经济全球化不断深入的背景下，“终身雇佣制”实施的环境发生了巨大转变，随着中国等发展中国家逐步实现工业化，一些属于劳动密集型的日本制造企业将工厂纷纷外迁，以寻求更低廉的劳动力。曾经带领日本经济走向辉煌的制造业逐渐走向没落，这加速了“终身雇佣制”的崩溃。

在日本经济高速发展的阶段，日本公司每年都会招聘很多员工，加上“终身雇佣制”的存在，导致公司的员工队伍不断扩大。然而，当经济发展因为某些原因（如经济危机）而减速或停顿，甚至是倒退时，企业必然会出现职工人员过剩的情况。

20 世纪 70 年代，石油价格不断攀升导致了世界经济危机，以及在 20 世纪 80 年代出现的日元升值压力，给日本原本高速发展的经济以致命一击。到了 20 世纪 90 年代后，日本高速发展的泡沫经济崩溃，逼得企业不得不突破"终身雇佣制"的限制，改革企业雇佣体系，向着新的方向发展。

一方面，企业为减轻因终身雇佣制而产生的过度雇佣压力，纷纷采取"出向"、提前退休、解雇等各种方式分流员工，以降低劳务成本，减轻公司压力；另一方面，企业为节约成本开始大量使用短工、派遣工、合同工等非正式雇佣人员，使其数量迅速成倍增加。非正式员工的突然出现，直接冲击了"终身雇佣制"，使其在此后很难再在企业中作为主角生存下去。据日本劳动省政策调查部 1994 年的调查显示，5000 人以上的大规模企业中有 50.1% 的企业实行了以调离为目的的"出向"。



作为"终身雇佣制"鼻祖的松下电器企业也没能恪守承诺，松下自 2001 年 9 月就开始引进提前退休制度，对员工数量进行裁减，随后富士通、NEC、索尼等很多行业的知名企业也纷纷加入裁员大军。与这些大企业相比，中小型企业受到的冲击更大，除了裁员，它们还不得不承担极高的破产倒闭风险。而日本厚生劳动省的一项调查显示，在被调查的 591 家企业中，只有 9.5% 的企业说明会坚持"终身雇佣制"，还有 38.3% 的企业则表示"终身雇佣制"已逐渐被淘汰，不再被他们需要。所以，在时代变迁的背景下，企业要看到经济形势的新变化，企业经营的管理体制需要不断与时俱进才能适应新的发展环境，让企业获得可持续发展。这也表明，没有一家企业可以预测出时代发展的路子，从而推测出未来会存在的危机。企业想要给予员工百分之百的终身保障，是很难实现的。

日本大企业一直都是“终身雇佣制”得以顺利实行的中坚力量，因此，如果大企业开始裁员，就会直接影响日本“终身雇佣制”的存亡。以前日本的失业率因为日本企业一直实行“终身雇佣制”的缘故，在发达国家中的比例是很低的。但在20世纪90年代后期，日本的失业率因终身雇佣制受到新制度的冲击而不断上升（日本1997年的失业率是3.5%，1998年的失业率是4.3%，1999年的失业率是49%，创下了1953年以来日本失业率的最高纪录）。进入21世纪之后，前三年日本失业率均超过了5%。不断上升的日本失业率，从侧面说明了“终身雇佣制”在企业心中的地位产生了动摇。

进入信息化时代以后，互联网技术、信息技术等新技术在社会方方面面得到了不断应用，互联网产业、信息技术产业随之兴起。新兴产业和技术对人员的创造性、技术性需求压过了对人员数量的需求，这也就意味着很多企业不再需要如此多的员工，大量裁员已是很多公司亟待解决的问题，也是企业“减负”、获得新发展的最直接的办法。工业化时代推动日本经济发展的“终身雇佣制”终于成了想改革或裁员的企业的“绊脚石”，“终身雇佣制”的瓦解已是必然之势。

但是这种制度在长期的实践中已对日式企业产生了长远的

影响，甚至现在很多高龄管理层就是这种制度的受益者，而他们是支撑日本经济发展的主要者。掌握了日本60%左右财富的六大财团，仍把控着很多日本企业的生命。这就导致日本在制造业领域达到了世界顶尖级的水平，但在互联网领域远远落后于中国和美国。所以日本企业想要和“终身雇佣制度”说“分手”太难了，它很难完全退出现代企业的经营管理体系，因此日本企业有了经过变革后的“二重结构雇佣制度”。

在这种雇佣制度下，企业一方面汲取终身雇佣制的核心思想，大力培养核心员工，并为他们提供长期工作的保障；另一方面却逐步减少雇佣一般事务性、非专业性岗位上的正式社员，更换成非正式员工，以节约用人成本、降低人力投资风险。现在的日本青年自走向社会时，就不得不面对这种双重标准的雇佣制度，这使他们的就业压力大增，一旦没能在毕业时顺利成为正式社员或从正式社员身份中脱离，就很难拥有成为正式社员的机会。

## ● 雇佣体制转型对青年就业的影响

在“终身雇佣制”下，日本青年一旦离开校园进入企业，就基本上将自己的未来与企业长期而紧密地联系在一起，其所享受的社会福利，甚至家庭、婚姻，都与工作不可分割，这使他们对企业具有高度的责任感和归属意识。

在“终身雇佣制”基础上推行的“年功序列制”又进一步

加强了企业和员工的联系，同一批进入公司的员工处在同等的地位，虽然所属的工种不同，但工资基本相同，并且随着年龄的增长和子女的增多稳步提升，这增强了员工的团结性和一致性，在一致目标的吸引下，这种齐心协力所发挥的巨大能量，推动着日本企业在第二次世界大战之后的经济高速增长时期不断向前发展，并让日本跻身发达国家前列。

此外，由于不担心员工跳槽造成损失，企业也能放心对员工进行技能培训，劳动力在企业内部就能够实现调配，而不用额外从外部劳动力市场寻找，这种模式有点类似于家族企业。在这样的环境中，企业培养了众多高质量的劳动力资源，虽然这些资源多数被企业自行消化，但这种稳定的劳资关系，为促进战后日本经济高速增长以及维护社会稳定做出的贡献显然是巨大的。[1]

随着泡沫经济的破灭以及经济全球化的发展，这种显得有些僵化的雇佣体制不再能够适应变化的市场环境，在企业变革的主导下，新的雇佣制度随着时代变化而出现并逐步流行并有代替旧雇佣制度的趋势，外部劳动力市场被列入企业进行制度改革的选择之中，流动性日益增强。现在的日本青年自学校毕业后，面临更加灵活的就业选择，他们可以选择通过激烈的竞争进入大企业成为一名工作稳定的正式社员，也能够选择工作

1　王伟．平成时期日本的社会变迁——从瓦解走向重构［J］．日本文论，2019（01）：1-31.

时间更为自由灵活的，如合同工、临时工、派遣社员、兼职等非正式雇佣工作。

如果正式社员与非正式社员之间拥有平等待遇，这种雇佣体系的转型对步入社会的青年来说可算是一件好事，但实际上，这种转型对于青年来说是不利的。

非正式雇佣员工在工资待遇和社会保障上与正式社员存在明显差距，这加深了两者之间的贫富差距，而由于很多企业对核心员工仍坚持长期培养，加上人口老龄化问题突出，相当一部分的正式工作被年龄较大的人群占据，青年成为正式社员的机会减少，导致非正式雇佣人群中青年所占比例不断升高。

2018 年日本《青少年白皮书》中对年轻人第一次就业情况的调查显示，“现在已经就业的人员或者过去曾经就业过的人员的第一份工作的雇佣形态，正规雇佣占 57.8 %，非正规雇佣占 34.2 %。其中，在 25 岁至 29 岁人中，正规雇佣占 68.3 %，非正规雇佣占 26.4 %。在 16 岁至 19 岁人中，正规雇佣占 30.6 %，非正规雇佣占 53.1 %”，[1] 我们从中可以明显看出这一变化趋势。

除了工资待遇和社会福利，非正式雇佣员工的失业率也要远远高于正式社员，当经济不景气或企业经营不善时，企业通常会通过裁员来减轻人力成本。在这种情况下，出于对“终身



---

1 张建立 . 日本年轻人缘何压力山大［EB/OL］.［2020-02-26］.http ://www.rmlt.com.cn/2020/0226/570278.shtml.

雇佣”员工的保护以及避免出现人才投资的损失，企业往往会选择裁减非正式雇佣员工，加之日本劳动法规定一旦超过 40 岁就不能再成为外派雇佣员工，这使多数没有获得正式社员身份的青年长期处于低收入以及不稳定的工作环境中，他们对未来生活充满担忧。

以上差距是正规和非正式雇佣员工两者间的显性差距，还有一些隐藏在背后的隐性差距，如低收入阶层的非正式雇佣员工与正式社员间还存在着社会身份地位的差距。稳定的收入、令人安心的福利待遇等良好的就业环境使正式社员对未来抱有希望，对生活的热情度也更高，而非正式雇佣员工则为可能失去的工作、过低的收入以及没有保障的未来感到焦虑，并进一步丧失对将来的希望，形成“希望格差”。

原本和谐的日本企业职场关系也因二重结构的雇佣制度而发生了改变，在以往的终身雇佣制下，我们可以将日本企业看作是一个“由亲人与伙伴组成的拟血缘大家庭”，其内部是不存在需要公平竞争的陌生人的，但是雇佣体系转型后，“在正规雇佣与非正规雇佣混搭的形态下，派遣职员作为短期的临时合同工，有意无意地被当成了‘生人’”，原来员工间那种融洽的合作关系也产生了无形的壁垒，处于相对弱势地位的非正式雇佣员工所承受的压力进一步增大。根据 2019 年日本人才派遣协会的调查，80.4% 的派遣职员在工作中感受到了压力，除了最大的因素——工资待遇外，使他们感受到压力的另一个重要原因就是职场人际关系的不和谐。[1]

由于传统的“男主外，女主内”的性别分工模式在当今社会中仍占据主要地位，加上女性还有育儿及照顾家庭的压力，所以有相当一部分的日本女性选择在结婚生子后退职照顾家庭，在养育孩子待他们长到一定阶段后再重返职场，但这时候她们只有极小的概率可能找到一份满意的正式工作，她们大多数只能从事一份甚至多份兼职工作来补贴家计，这种就业环境对已婚青年女性是不利的。

严峻的就业形势对日本青年的婚姻观也产生了巨大影响，对于女性来说，那些工作稳定、收入也相对更高的大企业正式社员是她们结婚的首选对象，收入成为她们选择另一半的重要指标。而非正式雇佣职员收入低，在经济长期低迷的大环境里也不能为她们提供一个相对稳妥的未来，在婚姻选择上处于劣势，也更为被动。即便顺利结婚，由非正式雇佣职员组成的家庭陷入贫困的概率也更大。

对于男性青年来说，不稳定的就业环境使他们压力大增。按照传统，男性还需要肩负养家的重任，虽然现在女性越来越多地走向职场，在一定程度上减轻了他们的压力，双职工家庭的数量也在不断增加，但是较高的失业风险仍然让他们对未来充满担忧，这抑制了他们的结婚欲望。选择晚婚甚至终身不婚



---

1 张建立 . 日本年轻人缘何压力山大［EB/OL］.［2020-02-26］.http：//www.rmlt.com.cn/2020/0226/570278.shtml.

的日本青年越来越多。

现在的日本青年，不再与他们的父辈一样，一毕业就能不费力地找到“终身雇佣”的工作，再结婚生子，从此安安稳稳地过一生。随着“非正式雇佣制度”在企业中所占比重越来越大，做非正式工作的日本青年越来越多，他们周转于各个临时工、小时工、合同工之间，干着繁重的工作，而经济上的收入却与他们的实际付出不成正比。我想，日本出现的低欲望消费、不谈恋爱不结婚情况也是可以理解的了。

# “穷忙族”和“蚁族”



在过去的经济高速增长时期，占人口总数九成的中产阶级使日本社会成为发达国家中收入与财富差距较小、生活水平均等化程度较高的国家，这也使日本国民产生了“全体中流”的自豪感。

在经济景气、收入不断增长的环境里，潜藏的不平等问题被掩盖了，即便是处在底层的劳动者，也因为收入的稳步增长而对未来充满希望。但是经济的长期不景气使种种问题暴露出来，贫富差距已经成为不可否认的社会问题，自 1989 年以来，日本基尼系数不断上升，2014 年，日本的初次分配基尼系数已经超过 0.55，突破了联合国 0.5 的警戒线。[1]

精英寡头化和下流阶层固化使越来越多在东京工作的年轻人成为虽然拼命工作，但收入不能达到最低生活费用标准的“穷

1　蔡曾．“穷忙族”的应对之道［J］．中国人力资源社会保障，2014（11）：31-33.

忙族”，而因为支付不起高昂房租而选择居住在胶囊公寓、网吧等狭小空间里的“蚁族”群体也在不断壮大。

## ● 时代经济催生了“穷忙族”

在经历“泡沫崩溃”前，日本国民处在安全严密三重保护伞之下。日本政府实施“赶上欧美”的产业政策，通过银行对企业提供援助，避免企业破产倒闭，这是第一重保护伞。各大企业通过“终身雇佣制”“年功序列制”“企业内工会制”等日本特色制度为自身发展以及与企业存在联系的承包商、职工等提供保护，这是第二重保护伞。由于在企业就职的员工大多都是男性，他们拥有长期、稳定的工作，收入和社会福利也有所保障，在组建家庭后，也能为家庭遮风挡雨，这是第三重保护伞。

这三重保护伞是日本国民能够安心生活的重要保障。但是随着泡沫经济的破灭，三重保护伞的功能渐渐丧失。

首先，国家为了刺激经济回升，实施了一系列具有典型新自由主义色彩的“结构改革”政策，国家对企业的干预和调控放松了，其主导地位渐渐被市场取代，对企业的减税措施更进一步加大了社会的贫富分化。

其次，国家的调控力度减弱，企业在市场机制的运作下天然就会对利润进行追逐，原本政府通过颁布法律对劳动者的权益实行保障，当这种保护不再严密后，企业必然用裁减正式员工、转而雇佣大量非正式员工的方法来降低人力成本，[1]这就导致工资和福利待遇低下的劳动者数量不断增加，进而使日本的贫困率不断上升。

随着雇佣环境的巨大转变，合同工、临时工、派遣社员等非正式雇佣员工数量不断增加，正式社员与非正式社员之间不平等的收入、福利待遇使日本青年间的贫富差距逐渐扩大，原本各阶层之间正常的流动速度正在不断减缓，处于下流阶层的青年想要通过努力工作来提升自己所属的阶层等级变得越来越困难。在这种严峻的形势下，“穷忙族”的出现不可避免。



“穷忙族”英语为“working poor”，这个词最早出现于20世纪90年代的美国，是指工作与应有的回报不成正比，一直徘徊在贫困线上的人。在他们眼中，贫穷是他们无法摆脱的宿命，每天在这世上忙忙碌碌而毫无成就感，最终对生活失去了希望，只能麻木度日。在我们的印象中，美国是一个经济发达、拥有巨大财富的国家，但是这个国家有3700万左右的人处于贫穷之中，在经济全球化以及劳动力市场弹性化的发展之下，“穷忙族”的大量存在已经成为后工业社会的一种普遍问题。

在日本，“穷忙族”的状况同样不容乐观。正如日本青年诗人石川啄木所描述的：“工作啊工作，生活拮据无乐，两手常见空空。”在日本，出现这样的现象再正常不过：小酒馆里进行演

---

1　王海涛，谭晓军．日本贫富差距扩大的原因及趋势分析［J］．现代日本经济，2008（04）：60-64.

艺表演的年轻人，可能是白天西装革履的办公室白领；下班载你回家的网约车师傅，可能是刚刚从某个公司下班的人；街上卖报纸的大叔，可能刚刚完成了送水工作。当初，很多人都是怀揣着梦想和更好的生活的信念来到大城市打拼，而现在的结果却是为了生存下去而每天不得不奔波在路上。房租费、生活费、水电费、交通费等基本费用压得他们喘不过气来，他们拼命工作，甚至以牺牲身体健康为代价，结果却仍只能是为了温饱而苦苦挣扎。“穷忙族”一词，残酷地反映了社会现实，也深深地扎痛了人们的心。



由于经济长期不景气，日本的“穷忙族”数量越来越多。据不完全统计，日本的“穷忙族”约占日本总人口的1/10。他们的年收入平均在200万日元以下，没有正式固定的工作。而在东京地区，一个三口之家想要维持普通生活的话，所需的家庭年收入是200万日元，如果这个家庭的收入完全由丈夫一人维持，即便他一人年收入达到300万日元，生活也相当艰难。而当下日本的现实却是年收入不到100万日元的人在逐年增加。

为什么日本的“穷忙族”越来越多？实际上，随着日本泡沫经济的破灭，日本企业形成了“正式员工雇佣制”和“非正式员工雇佣制”二重结构雇佣制度共存的局面，并且随着时代不断变迁，非正式雇佣员工在企业员工中的占比呈现逐年上升的趋势。非正式雇佣员工工作的不稳定性、不公平性，带给了人们强烈的不安——害怕没有工作可做，无收入养活自己，最终沦为“穷忙族”。现实永远是现实，它不会因为你的害怕就不来到。越来越多人的不安感正在逐渐实现，付出时间、精力拼搏的工作，正在从手中溜走，越来越多的人沦为了“穷忙族”。他们可能一天工作 12 小时，甚至更长时间，得到的收入却不如意。本着“不给他人添麻烦”的传统观念，很多人最终流落街头，晚上睡大街，或居住在网吧狭小的空间里。

此外，随着科学技术的进步，互联网经济时代的到来，很多的劳动需求已被高科技取代，企业不仅大量裁员，而且越来越倾向于雇佣非正式员工。而作为非正式员工，企业老板会把他们的工资尽可能地压到最低，使得非正式员工哪怕是付出了很多的工作时间，依然不会得到高的收入。再者，由于经济全球化的发展，世界各个国家和地区的商品、资本和劳动力得以在全球范围内流动。很多日本企业有了走向世界市场的机会，他们会在全球寻找更为廉价的劳动力，而不是像以前一样只能用本国的劳动力，这就导致很多日本国内的青年难以找到一个长期稳定的工作，最终只能成为临时工、小时工或者合同工等。

在过去，如果一个年富力强的青年人生活在贫穷的环境中，那么就会被人指责不求上进、好吃懒做，是因为自身原因使生活陷入困境的，但是现在的情况是越来越多拥有工作的人，甚至工作意愿极强的人陷入了贫穷的生活中。这种情况对于一个社会来说是不正常的，它已经不再是个人的问题，而是需要人们广泛关注并积极应对的社会问题。

日本放送协会（NHK）对“穷忙族”的生活现状进行了追踪报道，并推出了系列纪录片《穷忙族》。在纪录片中，位于东京池袋的一家公司，为上千名从高校、大学毕业后找不到正式工作的青年提供一些像建筑工这样的临时工作。近年来，到这家公司寻找工作机会的青年数量不断增加，其中不少青年表示对于找工作存在不安、紧张等心理，也害怕孤独。

在由于外在因素而不断壮大的“穷忙族”队伍中，年轻人的面孔越来越多，34 岁的小山良人就是其中一员。他的家乡在宫城县石卷市，高中毕业时正值泡沫经济破灭，在严峻的就业形势下，他没能找到正式的工作，只能找一些合同工这样的非正式雇佣工作来维持生活。

小山良人时间最长的一份工作是在保安公司当了两年多的合同工，他的主要工作是负责在道路施工现场引导车辆，但由于公共事业工程减少，他的收入从近万日元降到六千多日元。辞去这份工作后，小山良人又与工厂签了合同，受公司的派遣，他在三年内辗转于宫城县、爱知县、山形县、群马县的七家工厂，工作既辛苦又枯燥、单调，没有什么技术性，还不能得到技能提升，这种“穷忙”的生活让他感到不安定，对未来也没有期待。

为了过上更好的生活，他像无数寻找梦想与希望的青年一样离开家乡，来到繁华的东京寻找工作机会。但是几年过去，他离梦想中的生活越来越远。非正式工作并不稳定，所以在有工作的时候，小山良人就尽量多存一些钱，这样在没有工作时他就能够依靠存款度日。但随着年龄增加，临时性的工作机会越来越少，时间一天天过去，工作却依旧没有着落，钱很快就用完了。

没有收入与积蓄的小山良人过上了居无定所的流浪生活，这增加了他找工作的难度，很多公司听说他没有固定住所就拒绝为他提供工作。在窘迫时，他甚至连面试所需的路费都拿不出来。拥有工作意愿，也愿意为工作付出努力，但生活水平却不断下降，与小山良人类似经历的“穷忙族”不在少数。

## ● 居住在狭小空间里的“日本蚁族”



在中国的北京、上海、广州等大城市里生活着一群特殊的人，他们从农村或经济相对落后的小城市来到这里上大学。毕业后，为了过上更好的生活以及享受大城市带来的便利，他们选择留在大城市就业，但收入水平相对较低。由于不像本地人那样拥有自己的固定住所，也无法支付公寓高昂的租金，他们聚集在城乡接合处这样房租相对较低的地方，通过压缩生活空间来降低生活开支。

2007 年，北京大学博士后廉思带领一批青年学子对这一群体进行了深入走访调查，两年后，他将研究成果编写成《蚁族：大学毕业生聚居村实录》，该书出版后，“蚁族”这一低收入聚居群体受到社会广泛关注。

如今十几年过去了，“蚁族”队伍仍在各个城市不断壮大。据有关调查显示，截至 2009 年，“蚁族”在中国所有大中城市均有分布，全国“蚁族”大约已超过 100 万人，而作为首都的北京就有 10 万人以上。2010 年,“蚁族”中的大学生比例已上升到 30% ～ 50%。随着时间推移,“蚁族”也从以前的“80 后”扩展到了现在的“90 后”，越来越多的高学历低收入人群聚集在大城市里。通过与他人合租来减轻生活压力，为过上梦想中的生活辛勤打拼。

“蚁族”群体并非中国独有，在很多国家都有类似这样的群体。《蚁族：大学毕业生聚居村实录》一书出版后不但引起了国内的关注，国外也对这一群体议论纷纷，日本就是最早引进《蚁族：大学毕业生聚居村实录》版权的国家。

2010 年 9 月，日本勉诚出版社出版了日文版的《蚁族：大学毕业生聚居村实录》，受到日本读者的喜爱。除了长期关注中国的日本学者关根谦教授、东京大学社会学部加美光行等人为该书推广所做的努力外，中日两国青年对“蚁族”群体的集体共鸣是这本书受到欢迎的重要原因。

广义上的东京其实有三个层级，东京都 23 区是第一层级，第二层级是包括东京都、神奈川县、千叶县和埼玉县的东京城市圈，第三层级是除了前面的“一都三县”外，还包括茨城县、山梨县、枥木县、群马县四县，约占日本国土面积的 10%。这三个层级中，属于核心区域的是东京都 23 区，同时也是日本经济、政治、文化的中枢，来东京上大学的日本青年毕业后最向往的工作地就在这些区域。

繁华的大都市吸引着无数追逐梦想的人源源不断地涌向其间，人口增加的同时，也推动着物价、房价不断上涨。据日本总务省统计局统计，虽然近年来东京都23区整体住宅房租的价格呈现缓慢下降的趋势，但如果将统计对象中的独栋住宅排除在外，只看公寓型住宅的租金增减情况，近年来的租金是呈上升趋势的。

刚刚走向社会、工资普遍较低的职场新人一般情况下多选择租住价格相对较低的公寓，原本房租就占据了这些年轻人收入中的很大比重，增长的房租和上涨幅度不大的工资更是增加了他们的压力。

日本三井住友信托基础研究所调查发现：东京23区住宅租金指数在2018年第一季度比去年同期上升了2.13 %，而且实现3个季度连续上涨。其中，单身公寓比去年同期上升了1.94 %。紧凑型公寓比去年同期上升了2.62 %。家庭型公寓比去年同期上升3.47 %。



由于日本企业中以资历论薪资的现象普遍存在，所以刚毕业的大学生很难获得高收入，如果不是东京本地人，在这里生活的压力极大。对于只身在东京打拼的年轻人来说，要想无忧无虑地生活，他们的平均年收入要达到430万日元左右，然而现实是他们大多数人的年收入不到200万日元，租房成本占总收入的比例约为45%。[1] 这意味着他们需要用将近一半的工资来支付房租，这还不包括水电、燃气、饮食等生活所需的开支。

---

1 李玲飞．东京房租高不高？10年来也在稳步上涨［EB/OL］．［2018-08-23］．https：//finance.qq.com/a/20180823/039054.htm.

低收入和高消费的显著差距，导致很多刚毕业的年轻人选择通过缩减生活空间来降低房租的开支，这也诞生了日本的“蚁族”。在“蚁族”居住的公寓里，一个40平方米—50平方米的房间竟然能被分隔成可供10～12个人居住的狭小空间，这还不包括浴室、走道等公共空间。

想象一下，在一个5平方米左右的房间里生活，床是必备的家具，而一般情况下一张1.5米×2米尺寸的床才能够让我们在上面适度地翻转身体，从而舒适地休息，然而这样就只剩下2平方米的空间让我们放置其他生活中需要的物品了。

所以床需要更小，假设放置一张1米×2米尺寸的床，那么你还有比一张床大一点的空间，在这小小的空间里，你需要放置你的衣服、鞋、包、喜欢的物品。而随着居住时间的增加，东西越来越多，空间越来越小，甚至拉开门连落脚之处都难以找到，床上也堆满了杂物，一些放置不下的物品开始向更高处的空间转移，而房间的临时主人还在考虑如何才能在有限的空间里堆放更多的物品，这就是“蚁族”普遍的生活环境。

如果毕业后能顺利进入一家大公司，成为正式社员，入职前几年的工资虽然比较低，但随着工作年限的增加，收入会变得比较可观。这时候“蚁族”就可以选择空间更大的公寓租住，甚至能够在东京的一般地段贷款买房，所以狭小的空间只是他们追逐梦想的路上暂时的“苟且”。但对于一些没有找到正式社员工作，只能通过非正式雇佣工作维持生计的年轻人来说，有时候空间相对狭小的公寓租金他们也难以负担，这时候“胶囊旅馆”就成为他们的选择。

“胶囊旅馆”在日本东京很流行，这种旅馆大多位于繁华路段，交通便利，周围还有很多适宜观光游览的景点，所以很受来日本旅游的年轻人欢迎。与那些租金昂贵的酒店相比，“胶囊旅馆”租金相对较低，而且里面的设施齐备，生活相当便捷。如果选择在这种低碳环保的胶囊旅馆里住上三五天，不失为一种新奇且实惠的体验，但长期在里面居住就会使人感到压抑了，因为除了公共区域外，私人空间通常只有一张床那么大，人进去后甚至连双臂都很难展开，而且无法在里面站立。



胶囊旅馆作为临时睡觉的居所很是经济实惠，但是作为长期生活的空间显然不合适，但依然有很多收入较低或者暂时性失业的青年选择在里面长期居住，这也是“蚁族”的无奈。

# 不同选择与不同生活

战后日本摒弃了军事强国的思想，走上了一条定义宽泛的和平发展道路，经过经济高速增长时期的沉淀，20 世纪 70 年代末，日本在经济上超越德国，成为资本主义第二大经济强国。 

经历了“泡沫崩溃”后，日本经济虽然衰退了二十多年，在 2010 年时中国的名义 GDP 更是赶超日本，使日本退居世界第三，但是不可否认的是，其经济一直呈现一种基本稳定、连续发展的态势。日本在近几十年间先后经历了 1997 年亚洲金融危机、2008 年雷曼冲击、2011 年日本大地震等巨变，但它没有一蹶不振，而是慢慢成长为成熟发达的国家。

2018 年时，日本的人均 GDP 高达 4 万美元，在全世界排名第 24 位，而其对外投资额多年来一直高居世界第 2 位，对外经济十分活跃。作为经济发展成熟的发达国家，日本的基础设施十分完备，尤其是在东京这样的大都市，生活、工作都非常便利，这也为在东京打拼的青年提供了丰富多样的就业选择。

## ● “铁饭碗”的追求

随着社会的多元化发展，第三次科技革命在世界范围内的发生与推进，世界各国青年在就业上，都需要更大的能力，更多的勇气。

在日本，很多人对于公职类工作有着狂热的追求，考取公务员是他们就业的不二选择。青年就业压力很大，每年求职的人数都在不断增加，招聘市场的竞争也越发激烈，并且充满了不稳定性。而公务员虽也有着激烈残酷的竞争，但只要你成功跻身公务员之列，那就相当于拥有了一个稳定的“铁饭碗”。



为什么“铁饭碗”如此受追崇？这缘于传统文化的影响。在古代，小农经济根深蒂固，老百姓维持生活主要是看天，即气候；看地，即土地收成。所以古代老百姓的生活很不稳定，稍有一点事发生，便有了上顿没下顿。因此，对于老百姓而言，当官的人员，不管官职大小，总有一份稳定的收入，不会存在吃了上顿没下顿的问题。当然，考取科举也不是一件容易的事，录取人数极少。走仕途不仅能解决温饱，也是一件光宗耀祖之事。所以，仕途对于老百姓有着致命的诱惑，也是古代很多人读书读到老仍想考取科举的原因之一。现代的公务员属于国家公职人员，不仅稳定，而且在有些老百姓固有的观念里，能光宗耀祖。

日本年轻人对“铁饭碗”的追求由来已久。

在东京，有很多青年在毕业后选择进入大企业当一名正式社员，或者考取公务员，以获得一个长期稳定的“铁饭碗”，有着安稳的日子。优秀的青年在大企业中能够得到锻炼，在积累了一定的工作经验后，也能够稳步晋升，跻身管理层，成为令人称羡的精英人士。在经济高速增长时期不为年轻人青睐的公务员职位，现如今反而大受欢迎。据 2019 年日本大学生就职意向调查，“近一半的人表示想当公务员，而且日本工作三年内的公务员辞职率非常非常低，只有 2.7%，不到私企辞职率的 1/10”。

经济的长期不景气，致使青年为如何保持当下的生活水准而感到忧心。日本学者近藤大介在他的《中国缺什么，日本缺什么》一书中，以中国人熟悉的吃油条场景对日本青年的这种心理进行了解说：如果一个每天早上都会吃油条的人，发现每一天买的油条分量都要比前一天少，久而久之，这个人看着眼前的油条，就不会想着明天油条的分量会比今天的多，而是会想着怎样才能拼命维持今天的分量了。

这一比喻，生动形象地反映出在长期不景气环境中成长起来的青年一代的心理。正是出于对未来生活的不安，所以有相当一部分青年的期待是能够顺利找到一份对未来有保障的工作，女性也会更青睐和拥有稳定收入以及可观前景的正式社员或公务员结婚，低收入的非正式雇佣员工很难找到符合心意的另一半也有这方面的原因。

由于正式社员和公务员这样的工作被大多数日本青年热烈追求，所以竞争也是相当激烈。这种竞争甚至在初高中时期就已经开始，家长为了能够让孩子考上名校，在未来的就业大军中占据有利地位，不惜花费高额的教育费用供孩子上私立学校，甚至在校外报各种学习班，培养孩子各方面的能力。

日本的学校有一个特色，那就是小学和初中公立学校更多，高中时期私立学校增多，大学时期私立学校更多。也就是说，在义务教育阶段，公立学校与私立学校相比作用更大，而层次越高的教育，则私立学校占比更多。

由于公立学校的教育目标是让所有学生达到基本的学业水平，所以并不会“因材施教”，让优秀的学生先人一步地发展，反而更加注重“一致性”，避免学生出现差距，所以也不能像私立学校那样施展风格独特的教育。



为了让孩子能够进入一流大学，进而拥有一流工作，东京的很多家长在初中时就开始让孩子上私立学校，还有一些家境优渥的青年，甚至在幼儿园时就已经开始接受私立学校的教育了。

对于公立学校和私立学校在教育费用上的差异，可由一组数据直观展示。2012 年，日本文部科学省分别调查了孩子幼儿园至高中全在公立学校就读和全在私立学校就读的 24000 位家长，结果显示：如果孩子从幼儿园至高中的每个阶段都在私立学校就读，课时费、补习班费等教育费用总额平均为 1677 万日元，这一数据比孩子全在公立学校就读高 3 至 4 倍。[1]

尽管私立学校的教育费用更高，但私立学校仍是很多家长的第一选择。这是因为近年来公立学校学生的学业水平下降，

1 高彦颖．日本私立学校就读费用高于公立学校 3 至 4 倍［J］．世界教育信息，2014，27（03）：78.

而且存在欺凌、旷课等问题，令家长感到不安。虽然高昂的学费给中低收入家庭很大压力，不过调查显示，高收入家庭，尤其是年收入超过1000万日元的家庭的孩子上私立学校，特别是就读于私立小学的占比比较高。[1]

东京有很多私立学校，比如有名的庆应义塾、学习院、开成学园等。在这些学校就读，升入名校的概率相当大，甚至像庆应义塾、学习院这样的私立学校，本身就有自己的大学，学生进入小学后，甚至能一直念到大学毕业。

在东京，一流大学的毕业生很受大企业欢迎，考上公务员的概率也更高。比如竞争激烈的国家公务员综合职务，需要通过国家公务员采用1类考试，合格率仅为5%，但即便这样，合格者中一半以上是东京大学的毕业生，可见考取名校对就业的影响力之大。

实际上，就读于东京大学的学生中有相当一部分人是本地人，他们往往在初高中时就在同样的私立学校学习、在相同的补习班备考，进入东京大学前就已经互相认识，经营着同样阶层的人际圈，这些良好的人际关系在他们走向社会后能够发挥重大作用，东京其他著名大学的情况也与此类似。

对“铁饭碗”的追求使日本青年在学校时就开始了竞争，虽然一些中小企业的正式社员职务相对来说比较容易获得，但

1 （日）橘本俊诏．日本的教育不平等［M］．彭曦，译．江苏：南京大学出版社，2015.

是与收入更高、前景更好的大企业相比，还是难以获得优秀青年的青睐，这些企业的转职率也相对较高。

所以，我们不难理解为什么日本青年更愿意追求稳定的“铁饭碗”。经济持续低迷带来的更激烈的竞争，残酷现实带来的心理冲击，让日本青年不得不把“铁饭碗”作为他们很好立足社会的救命稻草，也就无怪乎人人挤破头都想进大企业或成为公务员。当然，这样的“铁饭碗”对于活跃市场、给国家经济带来新的生命力是不利的。



## ● 就业动机新变

尽管现在日本的大多数青年仍旧追求稳定、体面的正式社员等工作，但是与他们的父辈相比，年轻一代的就业动机已经发生了很大的变化。

第二次世界大战结束后，日本满目疮痍、百废待兴，为了使国家从战争的阴霾中摆脱出来，成为能够与欧美列强国家匹敌的经济强国，年轻人满怀热情地加入社会建设大军中，一点点地见证着日本从无到有的发展历程。

那时候，日本年轻人的工作动机是“为了填补世界的空白”，每个人都为成为公司高管或社长而拼命工作，而且坚信自己的所作所为与国家的发展有着密切的联系，为了国家复兴再怎么辛苦也毫不退缩。就像日本作家司马辽太郎在《坂上之云》中塑造的主人公那样，那时的日本青年充满为国家奋斗、拼搏的进取精神。

“登高，坡顶自有青天，倘若正有一朵白云闪耀，那就望云攀登吧。”这是《坂上之云》中一句经典的话，真实地反映出明治时期日本青年那种积极向上的奋斗心理。在明治维新时期，正是因为拥有无数身处社会底层仍心怀报效国家理想的青年，日本才从闭塞、落后的封建国家转变为开明、先进的资本主义近代国家，走上了自立自强的发展道路，也成功地吸引了世界的眼光。

从某种意义上来说，日本在第二次世界大战后所取得的成果，是日本在明治时代完成的事业的重现，而从另一方面来说，它又是日本自明治时代开始的事业的完成。战后日本经济的崛起，是无数以“坂上之云”为动力的青年不懈努力的成果，他们对日本的未来充满乐观，即便当时贷款利率远比现在高出几倍，但仍然有很多青年不惜背负高额债务贷款买房成家。[1]

由于对物资匮乏时期的艰辛生活有着直观的认识，那时的青年对西方经济发达国家国民那种富足的生活充满向往，这种向往使他们对物质十分“饥渴”，也迫切地希望通过拼命工作来获得更高的收入，使家人过上梦想中的生活。

高欲望自然带来了高消费，进而促成战后日本经济得到高速增长。但是物极必反，也正是这种高欲望导致了泡沫经济的

1　张旭升. 从“坂上之云”到战后崛起的历程［N］. 证券时报，2019-01-17（A10）.

出现，在投机心理的泛滥下，日本经济持续低迷，使在这种环境中成长起来的青年一代心理出现了巨大的落差。

现在日本市场经济中的主力大多是这个时期进入的，如今，他们有很多已成为企业的管理者或骨干，过着疲于加班的生活，被称为日本社会的“社畜”。而没有升到管理层或成为骨干的人，无法在工作中发挥出自己的价值，又很难得到身边人的认可，则沦为“窗边族”。

在这里，其实我们可以发现，以前日本的就业制度存在着一定的不合理性，让一些人的才能、能力没有得到应有的发挥。在这样不平等环境下成长起来的日本青年，就业心理出现了较大波动。



现在，日本青年的就业选择，相较于他们的上一辈而言，越来越个性化、自由化、多样化。除了进入企业获得一份正式的工作外，他们还可以选择打短工，继续进行学业深造或到海外学习，或自己创业，或继承家庭企业等。而作为自由度较高、对技能要求较高的自由职业，更是越来越得到日本青年人的青睐。在日本存在大量的自由一族，年龄以 18 ～ 27 岁居多，他们不再遵循传统的从业习惯，像父辈一样成为工作狂，而是崇尚自身价值的实现，放飞自我。

现在通过一些现象我们也可以看到，日本企业与员工的互动关系正处于转型中。即使是就业顺利也不再是终身保障的观念在日本青年一代中已普遍存在，“在大企业上班才能称作精英，公司位于东京山手线内圈才傲人”的传统价值观已被打破，很多日本青年已难有平生只待在一家公司的想法。在日本保守、排外、唯日本是好的社会意识下，愿意到海外工作的人却越来越多。同时，越来越多的日本女性走出家庭，走入职场，并在日本社会的各行各业扮演着越来越重要的角色，与过去对男性的依赖有了本质性的转变。

雇佣制度改革后，企业对员工的“终身承诺”不再可信，即便是成为正式社员也存在着失业的风险。与之对应，员工对企业的“忠诚度”出现了明显下降，尤其是在就业动机产生新变化的年轻群体中，跳槽行为频频出现。根据日本厚生劳动省在 2018 年 10 月进行的统计数据显示，新就业的大学毕业生在一年内辞职的人数占大学毕业生就业总数的 11.9%，三年内辞职的人数高达 31.8%。

除此以外，对于上一辈人那种牺牲健康和家庭拼命工作的方式，年轻一代越来越不认同。在日本对工作方式进行改革后，内阁府通过对东京 23 区的商业办公区、繁华商业街等区域的手机定位数据进行分析，结果显示 2019 年白天在公司上班的人比 2018 年增长了 2.3%，而夜晚仅增长 1.2%，这一数据表明东京 23 区工作人员整体的工作时间呈现缩短趋势。其中，20 岁年龄段白天上班人数增长了 3.9%，夜晚增长 2.7%；30 岁年龄段夜晚加班人数则减少了 2.6%，夜晚工作减少的人群多集中在金融行业密集的办公区。对于年轻人来说，工作时长的减少意味着他们可以将更多的时间用在外出就餐与购物上。[1]

随着日本经济走向成熟，社会的整体架构已经基本搭建完成，上一代人以企业为命运共同体，为企业辛勤付出，而企业的经营效益在员工的共同努力下不断向着好的方向发展，员工的付出也能得到相应的回报。在企业和员工共同目标的引领下，双方实现了双赢。但是现在这种关系已经发生了转变，全球化的深入发展推进了市场化、自由化，使劳动力市场流动加速，青年的职业选择也变得丰富起来。对于当代青年来说，他们很难改变已经成型的社会大框架，所以转而构筑家庭、朋友、自己等更贴近生活的、微观的框架。



不再对物质生活充满渴望，不再为达成某个目标拼尽全力，不想成为行业的佼佼者……在上一代人的眼中，这样的日本青年毫无疑问是“胸无大志”的低欲望一代。2018 年时对新入职年轻人的调查数据似乎也表明日本的青年已经向着“草食系”发展：在 1644 人中，只有 10% 的人未来想当社长，是自 1969 年设立该项调查以来比例最低的一次；17.4% 的人无所谓在未来能晋升到何种位置；62% 的人认为与同事保持相同水平的工作努力程度就好；31% 的人在有约在身却被命令加班时会选择拒绝，这一比例也创历史新高。

作为低欲望一代的日本青年，其实有着蛮强的幸福感，他

---

1　日本通．日本青年上班族工作方式改革，加班时间减少［EB/OL］．［2019-07-29］．https：//www.517japan.com/viewnews-108261.html.

们自己都说日本最大的优点是可以不用很努力，小确幸也能过一辈子。你只要别选东京这种房租很贵的地方，找个偏僻点的小城 4 万日元就可以很好地生活下去了。租到舒适的小单间，买生活用品就去百元店或 HOME CENTER，买吃的就专挑下午 5 点打折的时候去廉价超市，衣服鞋子甚至不用去优衣库，可以去 2ND STREET 或各种商店街的小店买二手的，200 日元一件衬衫，500 日元可以买到很厚实的大衣和长靴，哪怕做一辈子非正规员工也能混得下去。但从经济角度看，整个社会弥漫起的这种小确幸氛围，恰恰是日本最大的问题。

我曾经和东京大学的教授讨论过这个问题，这种小确幸到底是好还是不好？我的回答是不好。

我的理由是，现在日本人之所以比中国人过得好，正是因为战后一代人的奋斗（当然他们也遇上了历史进程）。如果当时他们沉浸在小确幸氛围中，能创造出后来的经济奇迹？小确幸氛围给整个社会带来的危害是有滞后性的，现在日本年轻人确实是岁月静好，但这不代表他们能一直这么岁月静好下去。1/4 的年轻人选择终身不婚，少子化越来越严重（2017 年最新出生婴儿数只有 94 万人，跌破 100 万人），贫困率不断升高（陷入世袭贫困的家庭越来越多，中层不断跌入底层），以上都是逐渐爆发出来的社会问题，而且没看到好转的迹象。

此外，企业对终身雇佣制度和年功序列制度的改革，使得日本青年对企业的忠诚度也发生了很大的变化。通过日本总理府对“社会利益”和“个人利益”的舆论调查（用于衡量日本人对企业忠诚之心的一个重要指标），虽然从总体上看，“认为个人利益比社会利益重要”占据着绝对优势，但从20世纪90年代以来，重视社会利益的比率在不断下降（1991年为45.3%，1997年为39.4%），重视个人利益的比率在不断上升（1991年为24.0%，1997年为31.2%），二者之间逐渐呈接近趋势。而日本贸易振兴会在1999年进行的对职工就职意识的调查，更是进一步证明了日本职工对企业的忠诚之心在不断缩小。调查发现，即使是在大企业，5人中也有2人考虑换掉工作；3人中有2人说，如果有比当前工作更好的条件，会考虑离开。另外，有90%的人认为“现在提升的难度很大”；70%的人认为变换工作的目的是“可以发挥自己的能力”；40%的人认为“工资比现在高”。这些事实无不证明，日本的就业观念发生了深刻变化，对企业的忠诚之心已在大打折扣。

除此之外，越来越严重的人口老龄化问题也给日本年轻人带来了极大的压力。目前，老龄化和少子化使劳动力短缺成为日本政府亟待解决的问题。为了维持社会的活力，日本政府希望通过增加高龄劳动者来缓解劳动力不足等问题，如在2018年10月22日的未来投资会议上，安倍晋三首相就表示如果高龄劳动者有继续工作的意愿，政府将把企业的继续雇佣年龄从65岁提高至70岁，并计划在2020年的国会上正式提出相关法律修正案。[1]

---

1　蒋丰．日本延长退休会否降低年轻人工作热情［EB/OL］．［2019-07-14］．https：//www.517japan.com/viewnews-107923.html.

虽然这一举措对那些身体健康、活力满满，并希望能够继续创造价值的高龄员工来说确实是一件好事，但是就目前企业的人员结构来看，很多高管、社长的职位多由年龄比较大、拥有丰富经验的员工担任，如果雇佣年龄继续增加，年轻人的晋升机会还会被进一步压缩，进而降低工作热情。这也是导致现在的年轻人更倾向于关注当下，而较少展望未来的原因之一。

随着2020年新冠肺炎疫情的暴发，对日本就业产生了空前影响，青年一代的求职者更是首当其冲。面对今夕不同往昔的境况，日本青年对失业的敏感度普遍有了较大提升，危机意识有了进一步的增强。日本青年的就业热情急剧燃烧起来。

据日本放送协会（NHK）报道，日本一家就职信息网站调查显示，受新冠肺炎疫情影响，希望转职去地方工作的日本城市年轻人呈增加趋势。该调查针对的是有意换工作的20多岁的年轻人，询问的问题是新冠肺炎疫情扩散对转职意向的影响，一共大约有360人做了回答。其中，有个突出的现象是回答“希望转职到地方工作”的年轻人占36%，与此前调查相比，增加了约14个百分点。其回答的主要理由是：“了解到可以远程办公，工作可以没有时间、空间上的限制”“在城市工作存在风险”“想回老家”。这就映射出，在新冠肺炎疫情的影响下，日本的就业观有了很大的变化。

如此，日本相对“落后”的互联网产业、互联网下的移动办公或将获得一个新的大发展。我想，在疫情的影响下，日本经济也可能进入一个新的发展阶段，使日本逐渐摆脱经济的持续低迷之态。

## ● 更看重自我价值的实现

“积极心理学之父”马丁·塞利格曼认为，幸福的人生应该具备 5 个元素，即“快乐”“专注”“良好的人际关系”“做的事有意义”“达成”。这 5 个元素中，上一代日本青年更多的是从“达成”与“快乐”中获得幸福感，他们在工作中取得成就，然后对自己进行奖励，这种奖励有时是豪华的名车，有时是一场国外旅行，有时是纵情的畅饮……



对于泡沫经济破灭后成长起来的青年一代来说，上一代人“达成”目标后予以物质激励的做法存在脆弱性，所以他们更容易对“达成”产生负面思想。他们更倾向于从“良好的人际关系”“做的事有意义”中获取幸福，与埋头工作相比，他们更加注重独处或者与关系亲密的朋友小聚。[1]

对于工作，年轻人存在不同的选择。其中有些人不想使已经稳定下来的生活徒增波折，即便从事着与自己的兴趣或擅长的领域完全不相干的工作，也会因为工作的类型被很多人羡慕，而且说出去会赢得称赞而坚持下去。不过这样的工作并不能带来幸福感，因而他们也没有多少干劲，整日里循规蹈矩，时间

---

1 （日）尾原和启．动机革命：如何激发低欲望的一代［M］．北京：人民邮电出版社，2018.

长了多少有些意志消沉。

还有一些人则不然，他们积极地追求能够实现自我价值的工作，对能够将全身心投入工作中，甚至忘记时间的流逝而感到快乐。这种充满个性的年轻劳动人不会满足于日复一日的枯燥工作循环，即便能拿到较高的薪水，但如果他们无法从工作中获得快乐，也会毫不犹豫地离职，转而追求能够获得愉悦的工作和生活方式。

越来越丰富多样的就业选择，为追求自我价值实现的年轻人提供了充足的工作机会，与在“终身雇佣体系”下工作的上一代相比，年轻一代面对的就业环境更为宽松，虽然还是有相当一部分传统企业对员工的忠诚度十分在意，但在新兴领域内，有些企业受西方价值观影响较深，对于跳槽的员工能够表现出足够的理解。



24 岁的浅川敦就在这种更具包容性的就业环境里找到了符合心意的工作。大学毕业后，浅川敦和很多对未来感到茫然的年轻人一样，对于将要寻找的工作没有方向，他不知道什么工作适合自己，也没有在大学的时候就为自己的将来做好规划。

虽然浅川敦不是很喜欢在保险公司工作，但是在没有更好机会的情况下，他还是选择接受了东京一家保险公司发出的聘书，成为这家公司的一名合同工。然而工作不久后他就发现，虽然自己从事的是与企划相关的工作，但是企划部门归营业部门管理，他的实际工作就是卖保险。

无聊的工作内容使浅川敦很失望，他觉得这样的工作并不能使自己的职业技能得到锻炼、提升。于是，在入职两周后，浅川敦开始像刚毕业时那样频繁浏览招聘信息，希望有合适行业的公司提供自己喜欢的企划职位。出乎浅川敦意料的是，招聘网站为他推送了很多相关工作机会，一开始浅川敦还很激动，认为这么多家公司总有会录用自己的，不过他很快冷静下来：一份好的工作机会并不那么容易获得。

不过浅川敦很幸运，一家风投公司明确表示欢迎像他这样工作时间较短的大学新毕业生转职加入，工作内容也是他喜欢的网络服务方面的企划工作，于是他毅然从保险公司辞职。面试时，浅川敦表示在保险公司的工作让他了无生趣，无论如何他都要改变自己的人生。这一真诚的态度打动了面试官，浅川敦如愿以偿地获得了新工作。尽管新公司的福利待遇比不上原来的公司，不过更有意义的工作内容让浅川敦十分满意。[1]

在东京，很多年轻人有与浅川敦类似的求职经历，对于寻找实现自我价值的工作，现在的青年一代拥有相当多的话题。自由职业者数量的明显增长也表明目前日本的就业结构正在发生剧烈变化。据日本厚生劳动省调查，2016 年日本的自由职业者人口有 1064 万人（含副业形态），比 2015 年增加了 17%。

随着互联网的深入发展，工作方式、工作地点、工作时间变得越来越灵活，一些企业看准了年轻人注重工作个性化发展

1　日本通．为什么很多日本年轻人入职不久就辞职？［EB/OL］．［2019-04-28］．https：//www.517japan.com/viewnews-105938.html.

的商机，通过网络为自由职业者提供就业平台，如离岸服务公司（lancer）。在这家公司搭建的平台上，有需求的企业或个人可以发布制作、打字、文字编辑、翻译这样的临时工作任务，而求职者通过浏览平台上的信息，按照自己的实际情况有选择地承接合适的工作，企业和个人的对接效率十分高。如今在日本，这样的公司数量正在不断增加。

对于女性来说，能够灵活安排工作时间的自由职业更受欢迎，我之前看到一篇有关采访日本自由职业者的报道，其中一位女性表示，她喜欢尝试各种工作，自由职业也非常符合她的性格，这样每天都很充实、很幸福；而且可以对自己的时间进行调配，所以工作的时候也可以照顾家庭。比如，家人生病了，她可以一整天照顾陪伴，但如果是正式雇佣的工作的话，那么她就会进退两难。

尽管自由职业者不得不面对收入、福利待遇等不如正式社员的问题，因工作和收入的不稳定而产生的不安感也更强，但是仍然有很多年轻人对自由职业产生了浓厚的兴趣。在他们看来，与在公司当上班族相比，自由职业的工作方式和工作内容更令人满意，能够使他们的职业技能得到更好的提升，也能积累更多的工作经验，还能拓宽自己的交往，提升工作效率。此外，在贸易、IT、创意和注册认证师等领域工作的自由职业者收入相当可观，这也吸引着拥有高学历的年轻人源源不断地加入自由职业者的圈子。

# 青年创业缺失环境与土壤



在我国经济飞速发展、取得巨大成就的洪流中，诞生了很多的经济巨人、财富神话。随之而来，“创业”已然成了我国很多青年就业的选择。很多的中国青年在政策的呼吁和对未来的美好畅想下纷纷涌入了创业大军之中。

然而，日本与我国有着恰恰相反的境况。2017 年 1 月，日本的一家人力资源服务公司对美国、英国、印度等 33 个国家和地区的劳动者意识进行了调查，其中日本人在被调查的国家和地区劳动者中创业意愿最低，有 66.9% 的人表示没有创业想法，比世界平均比例 53.1% 还高 13.8%。除此之外，仅有 32.1% 的日本人“想在新兴企业工作”，对于日本国内的创业环境，日本劳动者大多持消极看法。

如果将同为东亚国家的中、日、韩进行对比，我们可以明显地看出三国青年在创业上的“温差”。根据韩国贸易协会国际贸易研究院对中、日、韩三国首都圈大学生的调研发现，40.8%

的中国首都圈大学生希望毕业后创业，而这一数据在韩国为6.1%，在日本仅为3.8%。

为什么与英美韩等同是重视科技进步的发达国家，日本这个国家的人大多数却没有创业意愿呢？为什么作为发达国家的日本的创业潮更是远远不如中国这个发展中国家呢？我想这是有原因的。

## ● 错失互联网创业潮

21世纪是互联网时代，互联网天生就具有公平、包容、创新、求变的基因，在这个瞬息万变的时代，需要有持续不断的新鲜血液为经济发展注入强大的活力，而没能在这场信息革命的浪潮中找准风口，在蓝海中闯出一片天地，这或许就是日本在互联网产业领域“落后”的原因之一。

因此，一心求稳的日本青年对具有广阔前景但也存在一定风险的互联网创业不太感兴趣。有一种说法是相比于互联网创业，日本青年更愿意去农村种地。谈及这种现象的原因，日本青年们的回答是：“如今日本互联网产业越来越发达，对GDP的贡献度越来越大，逐渐成为支柱型产业，随之而来的是互联网创业难度越来越大，风险越来越高，不是我们随便能碰的。”“互联网经济中最为典型的代表电子商务对日本人毫无吸引力可言，因为日本的超市或购物中心很完善，哪怕是偏远的乡村地区都配有超市和便利店，并且网上和实体店的价格一样，优惠力度不大，并没有便宜可占。”“互联网经济下的虚拟支付等带给人们的只有不安全感。”“对于日本人而言，虚拟的互联网经济并不会给他们带来便捷感和安全感，他们更喜欢实体经济带给人的真实感。”所以，在这样的大背景下，日本人大多数对互联网经济并不是抱着友好、接纳、包容的态度。

20世纪40年代，世界上第一台电子计算机“埃尼阿克”诞生，当时的人们不可能预料到，这个重达30吨的庞然大物会使人类社会产生怎样的奇妙变化。当然，不管这台机器看上去是如何笨拙，它都是打开电子计算机时代大门当之无愧的钥匙。随着时间流逝，人们不再满足于仅在一台计算机上孤立地获取信息，摆脱“信息孤岛”的渴望使世界范围内掀起了一场“互联网”革命。

互联网的诞生给人类的生产、生活方式带来了革命性的变化，互联网浪潮强烈冲击了传统的思维模式，世界的联系因网络而变得越发紧密，人与人之间的交流跨越了空间、距离、国家、民族等界限，商业模式也发生了翻天覆地的变化。但是在这场日新月异的互联网大变革中，作为世界第三大经济体的日本显得有些落后。

日本学者池田信夫在他的代表作《失去的二十年》中写道：“日本经济长期没有起色的最大原因就是日本没能及时赶上20世纪80年代的全球第三次工业革命，即信息革命……日本在信息革命之后，迟迟没有新兴企业出现，没能实现企业的更新换代。市场上占主导的还是之前由‘IT总承包商’引领的系列企业模式。”[1]

在日本的IT项目中，外包公司长期以来扮演着主要承担者的角色。据日本财务省2016年的统计显示，在日本IT行业从业者中，IT外包人员占比高达62.53%。超过一半以上的IT从业者都是外包人员，可见日本IT外包产业链的高度繁荣。但是这对日本互联网的发展并非一件好事，因为甲方企业不懂技术，而懂技术的外包公司是根据甲方的要求来开发产品的，缺乏自主创新动力，应变能力对于更新换代极快的互联网产业来说更是明显滞后。

为解决存在于日本IT行业的这种痛点，日本将投资重点放在IT服务行业而不是国际VC明显青睐的互联网领域，虽然外包公司转型新创能够获得技术积累与创新机会，加快产业更新速度，但是这种资本的倾斜是与全球投资趋势不相符合的，这也导致日本的互联网行业少有独角兽出现。

独角兽[2]是指私募和公开市场估值超过10亿美元的创业公司，独角兽公司的数量是衡量一个国家和地区新经济活跃程度的重要指标，而估值超过100亿美元的超级独角兽企业更是为经济发展注入了强大动力。

---

1 （日）池田信夫．失去的二十年［M］．胡文静，译．北京：机械工业出版社，2012.

2 “独角兽”这一概念由美国著名CowboyVenture投资人Aileen Lee在2013年提出，之后迅速流行于硅谷，并出现在《财富》封面上。

近年来，中国的互联网行业诞生了很多实力强大的独角兽公司，如家喻户晓的BATJ（百度、阿里巴巴、腾讯、京东），在这些超级巨头的带领下，独角兽企业们作为企业生态链的重要组成部分出现了爆发式增长。胡润研究院的报告显示，2019年6月，在全球的494家独角兽企业中，中国凭借206家独角兽企业首次赶超美国，成为全球拥有独角兽企业数量最多的国家。

日本的独角兽企业数量则远远落后于中国企业。在这494家独角兽企业中，只有两家来自日本，分别是Preferred Networks和Liquid Global。这两家企业的平均估值都在15亿美元左右，属于一般独角兽企业，也就是说，日本的超级独角兽企业数量目前为零。



再来看日本这两家独角兽企业，Preferred Networks是人工智能领域的初创企业，Liquid Global是区块链领域的初创公司，两家企业都可归为科技创业领域，而在中国，互联网领域的独角兽公司占据了半壁江山。

实际上，日本是较早接触互联网的国家之一，早在1983年，村井纯从为更加方便地开展学术机构和学术组织间的科研项目，从美国带回调制解调器，使东京工业大学、庆应义塾大学和东京大学的计算机串联起来，形成日本最早的学术计算机网络，他也因此被称为“日本互联网之父”。

无可否认的是，日本的“工匠精神”使其拥有卓越的技术水平，即便是现在，日本的尖端技术仍居世界前列。这种精益求精的追求使日本在互联网诞生初期创造了很多领先的技术，如 1998 年日本通信巨头日本电报电话公司（NTT）开创了第一个商用综合业务数字网（ISDN）网络，1994 年日本互联网服务供应商（IIJ）公司开始提供拨号上网服务，1997 年日本电商企业乐天开始运营……

专注的品质使日本在前移动互联网时代创造出很多辉煌的成就，成为全球移动互联网的试验田，自 2000 年开始的很长一段时间内，日本甚至被视为全球移动互联网从业者的朝圣地。到了更注重创新与快速应变的后移动互联网时代，日本却注重组织而不是市场的社会环境，日本企业固有的思维模式、技术结构显得僵化、保守，明显与飞快变化的时代脱节。

反观美国，虽然因为制造业走向衰落而出现了经济衰退，在 20 世纪 80 年代面临被崛起的日本赶超的风险，但是它很快就因为在信息革命的浪潮中抢占先机而成为互联网时代最大的受益者。虽然美国在初期投入了大量的资源用于发展互联网，但是取得了非常可观的收获。

因此在长时间内，美国在互联网领域拥有绝对话语权，尤其是对互联网根服务器的管理权，掌握的根服务器管理权更使得美国在互联网方面的影响力远超其在世界政治、经济上的影响力。有数据显示，80% 的全球互联网业务量与美国有关，访问量前 100 的网站中，有 85 个在美国，美国人制定和控制了绝大多数的互联网运行规则。[1]

美国作为互联网行业的领军者，在新时代掌握了巨大的财富，促进了经济的加速成长，同时也抢占了日本市场，致使日本互联网企业的生存空间不断缩小。例如，日本排名前十的网站中，有 7 个是来自美国的网站，在雅虎、谷歌、亚马逊、推特等互联网巨头面前，日本本土的新兴互联网企业很难得到发展机会，面对几乎不可能成功的创业现实，日本青年创业热情低下不难理解。

除此以外，作为近几十年间才开始风靡全球的新兴行业，互联网创业面临的风险明显要比传统行业高，且由于并非实体经济，性格内敛、谨慎的日本人出于对未知的担忧更是少有敢“吃螃蟹”的。



创业需要一定的启动资金，除了亲朋好友的援助以及自己的储蓄外，资本市场的支持是创业公司发展的巨大动力，但是在日本，以种子期产品为投资对象的达到一定规模的创业孵化器只有 7 家，且目前仍未有成功孵化的案例。

作为典型的资本主义国家，三菱、三井、住友、富士、劝银、三和这六大财团掌握着日本 60% 左右的财富。根据《财富》发布的 2019 世界 500 强企业榜单，其中有 52 家企业来自日本，而这 52 家企业中属于六大财团的竟有四十多家。然而，这些拥有庞大资本的财团多年来一直在制造业和金融业上苦心经营，

1 李大东 . 信息革命［M］. 郑州：河南科学技术出版社，2013.

对于互联网这个发展根基相对薄弱的“新事物”明显没有倾注过多目光。

由于缺乏资本的强力支持，近几十年间，日本在这场世界范围的互联网创业竞赛中远远落后，失去了这一刺激经济复苏的难得机遇。

## ● 政策鼓励不如榜样力量

在信息化全面引领创新的时代，创业成为一个国家经济增长强有力的发动机，通过积极创业、创新，新经济增长点被孵化，产业结构加速转型升级，同时传统产业也能得到革新。随着互联网等新一代信息技术的快速发展，创业方式越来越多元化，准入门槛也越来越低。



虽然创业的风险系数依旧很高，但对于敢拼敢闯、充满激情的年轻人来说，创业依旧是一种将梦想变为现实的最佳途径。随着“大众创业、万众创新”思潮在中国的流行，中国各个领域涌现出一批批杰出的创业企业，持续地发光发热，并鼓舞着以他们为榜样的创业者接连不断地投身到创业大军之中。在宽容的创业环境里，以“草根创业”为基础的企业不断涌现，逐渐成为新时代创新大潮的主力军。

对于日本来说，缺乏创业精神是导致日本迟迟不能从通货紧缩带来的不景气环境中走出来的重要原因。虽然安倍政府上台后实施了一系列刺激经济的政策，也取得了一定的成效，但是没有从根本上解决日本社会创新动力不足的问题。为了鼓励国民创业，打破沉闷的创业氛围，日本政府做出了很多积极努力。

在法律上，日本政府为降低创业门槛修改了商法，在此之前在日本成立股份公司最少所需的启动资金为1000万日元，即便是个体企业也至少要拥有300万日元的注册资金。但是现在哪怕资本金只有1日元，也能成功注册自己的公司，不过在公司成立后的5年内，还是要逐步增加注册资金直到达到法定资本金的标准。



此外，日本政府还会对选择创业的失业人员发放一定数额的事业助成金，以及帮助他们进行融资，鼓励他们进行创业。对于在老年护理、婴幼儿保育等特殊行业创业的人，政府会给予特殊的优惠政策。那些在大学毕业后选择自行创业的人，在一定时期内可以享受减免税赋的政策。至于那些有创业意愿但缺乏资金的创业者，只要能证明新办企业拥有1/3以上的创办资金，政府就能为其提供年利息在1.5%以下、长达7年至10年贷款期限的低息贷款。为了扶持创业企业发展，日本政府还对政府采购的相关法律进行了修订，规定至少占政府和公共部门采购总额5%的商品要从创办5年至10年以内的创业企业采购。[1]

---

1 乐绍延，许缘．鼓励大众创业日本怎么做？［EB/OL］．［2015-11-09］．http：//www.xinhuanet.com/world/2015—11/09/c_128408064.htm.

除了政策上的优惠，日本政府还对教育体制进行了改革，以培育潜在的创业人才。如日本厚生劳动省设立了生涯职业能力开发中心，并以培养民众的创业精神和创业能力为目的，将四所职业能力开发短期大学合并组建为“职业能力开发综合大学”。

同时日本的国立大学也纷纷积极响应政府对创业的号召，设立风投基金支持科研人员创业。如东京大学设立了研究开发型的风险企业投资基金，帮助拥有技术却没有资金创办企业的科研人员创业，并且成立“产学合作本部”专门负责东京大学科研成果的产业化开发。



高校对创业的支持取得了明显的成效，根据日本经济产业省对高校创业公司的调查，从 2008 年到 2017 年，东京大学孵化成立的初创公司数量始终位于日本高校之首。东京大学 2017 年成立了 245 家初创公司，这也是当年唯一成立超过 200 家公司的日本高校。

虽然现在日本的创业环境，相比 21 世纪初期已有较大改善，高校毕业生中有意愿创业的人数也在不断增加，但是对于日本庞大的劳动人口来说，日本青年中选择创业而不是进入企业工作的人仅为很少的一部分，这与中国形成了鲜明对比。

不过对创业保持谨慎心态也有一个优势，那就是在日本将创业想法落到实处的人的比例更高，相信自己具有创业能力的人中，19.5% 进行了实际创业，在美国这一数据为 17.4%。创业想法与实践的高转化率表明，日本在创业上拥有相当大的潜力。

既然如此，为什么日本青年的创业潜力却不能得到很好的开发呢？这在很大程度上是因为社会创业氛围的缺失，压抑了日本青年的创业欲望，从而导致日本青年缺乏创业的榜样。

战后日本国民充分的就业机会得益于日本经济的高速增长，同时快速发展的经济也缔造了庞大的中产阶级，在工薪家庭中成长起来的日本青年，很少拥有接触创业者的机会。加之日本的很多大企业之间交叉持股，渊源颇深，垄断了很多行业的业务，导致普通人很难在哪一领域崭露头角。年轻的创业者即便成功度过了创业的起步阶段，迎来了良好的发展机遇，但是因为没有雄厚的资本支持，很难得到发展，因此很多初创企业会选择被大企业并购。



森口拓哉是日本 Altr Think 公司的创始人之一，他曾就读于日本一家著名的私立大学。在校时，出于对音乐的喜爱，他想做一款基于声音的地理定位应用，因此与好友一起创办了 Altr Think。对于没有什么经验的年轻人来说，创业的风险很高。很快，因为资金链断裂，使得 Altr Think 无法顺利经营。就在 Takuya 准备放弃时，他幸运地得到了东京一家种子轮创企孵化器的投资。

资金问题得到了解决，但是团队管理又出现了问题。随着联合创始人和团队成员的相继离开，不得已之下，Takuya 自学起编程并开发出一款应用软件——Bored Switch。将成品放在众筹网站 Crowdworks 上后，Bored Switch 受到了人们的关注，

Takuya 的公司也因此得到一位工程师的加盟。

Bored Switch 是一款较为成功的应用软件，它很快吸引了上万名用户，但是在体验过程中，Takuya 发现这款应用软件在社交上更具优势，于是产生了转型的想法。为了将全部精力放在创业事业上，他从大学辍学，孤注一掷地经营这家公司。

不过好在他成功了。转型后的 Bored Switch 在大学生群体中广受喜爱，每天有超过 1000 名活跃用户和 10 万次下载量。尽管如此，新公司仍然受到诸多限制，缺乏商业模式和更多的资源是公司发展面临的最大问题。为了拥有更加良好的运营环境，让公司走得更远，Takuya 答应了东京智能应用公司 Ignis 的收购请求。

实际上，很多日本的创业青年拥有与 Takuya 类似的创业经历，创业公司上市之路遥不可期，有梦想没有面包往往会败于现实，与其不温不火地经营着，不如被大企业并购，这也似乎是创业者最好的选择。但是这样一来，整个社会就越发缺少优秀的创业榜样，青年创业的积极性也始终不能得到提高。

## ● 传统观念影响创业

在我们大多数人的印象中，日本是一个彬彬有礼的国家，看看整个世界，似乎再也找不到如此多礼的一个国家了。在日本，如果你能够适应日本社会，你就会觉得很舒服，有秩序有礼貌，也不会被他人打扰。

实际上，我们很少有人知道，日本是一个对失败不太宽容的社会，对于失败者，有着我们难以想象的较劲。举一个简单的例子：在日本，白领一旦“失败”，想要跳槽并不容易。职业安定所介绍的工作，其条件和工资并不尽如人意，再加上年龄、健康状况和职业技能的限制，很多“失败”的白领最后沦为体力劳动者。日本收容“失败者”的地区，如东京的足立区、大阪的爱邻地区、横滨的寿町地区聚集的大量流浪汉、无家可归者，其中很多人曾是公司的管理层，甚至是公司的老板，属于社会上的“成功者”。他们并不是因为懒惰才变成流浪汉或无家可归者的，其中的很多人希望工作，可是因各种条件的限制，因社会对他们缺少应有的宽容，而无法重新融入社会。

所以，在日本的传统观念中，如果一个人接连失败，他在社会中就很难生存，不仅会受到周围朋友的鄙视，也很难找到工作，同时也难以娶到老婆，更通不过银行贷款的信用审核。这样残酷的社会现实，使日本青年人在创业这样高风险的事情上变得小心翼翼、畏手畏脚，哪怕有些人心中蕴藏着极大的创业热情，也会被这样的现实浇灭。

正如中国俗话所说：“心有余而力不足。”而世界上的其他国家，对人们的失败是比较宽容的，如美国，在硅谷，有很多风险投资者都愿意投资那些失败过的企业，因为美国人认为有过失败教训的人，吸取经验教训之后，更容易在下一次的创业中获得成功。

在中国，元丰资本的创始人吴军更是鼓励青年人创业，哪怕是创业成功没有那么容易。为什么？一个人第一次失败了，第二次、第三次就可能成功，因为创业是需要自己经历的，自己没有经历过，怎么知道这个路该怎么走呢？创业的事别人也不会教你，是需要自己摸索的。中国的创业环境应该对失败者更宽容，如果大家都看不起创业失败的人，那将来就不会再有创业者了。

2018 年，融创中国控股有限公司的董事长孙宏斌在“亚布力中国企业家论坛第十八届年会”上也直言，要给失败者以更多宽容，“要在别人失败了以后能够正确地去看待，并且能够帮助他，这是我近年来体会最多的一件事。”“我们跟绿城、雨润、乐视、万达等这么多公司合作，有很多失败的地方，我把每件事都做完了以后，即使做不成，反而赔了钱，但我得到了开心嘛。”“就是因为看待失败（的态度不同），这是特别重要的。”

日本的集体主义压抑着日本人的个性，使得日本人不爱出风头，不敢大胆地去追求个性发展、追求不同。从 20 世纪八九十年代开始，日本推行素质教育的同时就走进了一个误区，那就是过于强调团体主义，扼杀了每个孩子个性的发展，扼杀了良性竞争的可能性。

说一个在世界教育界普遍存在的问题，即孩子留级。在日本，孩子受到的是统一教育，并且孩子随着年龄的增长而进入高年级。事实上，每个孩子都是独立的个体，其学习能力不一，有高有低。在欧美国家，小学生就可以留级了，也就是说，如果孩子因学习能力差异，导致成绩落后了，要留级，是一件很正常的事，也是一件被允许的事，欧美国家赞成这样的多样化和差异性。而在日本，孩子留级的情况是不太能得到认可和允许的。在这样过分强调统一的教育体制下，日本年轻人很大的一个性格特征就是从众，比如幼儿园、小学的赛跑比赛，孩子们到达终点都是手牵着手共同完成的。而创业所需要的元素恰恰与日本的教育思想相反。创业是一件需要出风头、凸显个性的事情，需要日本青年人有独立思考的能力，倡导与众不同，勇于创新。



如何让日本青年重拾创业精神？这不仅仅需要日本政府的努力。要想让日本的经济真正彻底走出持续低迷的状态，获得繁荣发展，日本民众就要克服对创业者根深蒂固的偏见——对创业失败者予以最大的宽容，鼓励大学毕业生积极创业。当然，日本也要允许孩子们在成长过程中有公平合理的竞争，培养日本青年的竞争意识，让他们在竞争中发展个人特长，挖掘出创业的潜力，并把这种潜力转化为创业的真正动力。

# 第三章
# 投资与理财

与老一代“渡边太太”相比，新一代“渡边太太”在日本投资基数中所占的比例很小，但是她们的投资欲望日渐浓厚，更多的个人资本正不断向全球金融市场流动。

此外，尽管将资产存入银行的利率如此低，甚至储户会出现倒贴的情况，但大多数的日本年轻人依然热衷于将自己的个人资产放入银行中。

# 经济形势影响青年投资

说到日本经济，很多人脑海里蹦出来的第一个词就是失去的二十年。其实，自明治维新后的殖产兴业时代开始，日本社会中就蔓延着“重视实业，轻视虚业”的思想，被称为“株屋”的股市炒家就是典型的“虚业家”。日本国民普遍对那些在股票市场上投机的人印象不好，因为他们所奉行的“勤劳致富”原则被这些人打破了，不需要付出就得到大量财富是难以被当时的人们所接受的。在很长一段时间里，活跃在股票市场上的日本人绝大多数是上流阶层中掌握了大量财富的人。[1]



但是在泡沫经济时期，疯涨的股票价格让很多原本不曾想过炒股的普通百姓将存在银行、保险公司、邮局等机构中的钱取出来，用于炒股，想通过资本市场获取投资回报。但是，就如同美联储前主席艾伦·格林斯潘（Alan Greenspan）说过的“泡

1 高宇．日本股市泡沫破灭记［J］．世界博览，2007（08）：62-67.

沫只有在破裂之后才知道是泡沫”，时值20世纪80年代末的日本老百姓也不例外。

泡沫经济破灭后，跟风投资股票的日本国民尝到了恶果，长达20年的熊市更使后来者望而却步。股市的动荡迅速蔓延至其他领域，经济的长期萧条使投资者步步为营，甚至有些缩手缩脚，尤其是在不景气经济形势中成长起来的青年一代，他们的投资越发谨慎，也更加注重分散风险。



### ● 泡沫崩塌从股票市场开始

日本所存在的泡沫经济，长时间成为国际经济界不停讨论的话题。1989年末，日本的股票价格上涨到前所未有的高位，当时的东京证券交易所里，随处可见因为在股市上大赚一笔而欢呼雀跃的人。“买进！买进！”看到股价一路上扬，他们在心中不停地催促着自己，事实上，他们也这样行动了。

一路向好的经济形势使当时所有的日本国民相信，明天是美好的，将资产投入股市获取的丰厚回报也使人们坚定了投资股票的信心。1989年12月29日，日本NHK对当日的股价进行了播报：“股价以38915.87日元告终，刷新了昨天的最高纪录……”所有将钱投入股票市场的人都在期待，期待着新一年的到来，期待着下一个股票交易日传来的好消息。

事实上，很多事情发生在人们的意料之外，没有人能够预料到日本的经济形势会发生逆转，即便在泡沫破裂的前一刻，日本国民依旧沉浸在并不牢固的繁荣景象中不可自拔。

1990年1月3日，平成元年刚刚过去，从当日的经济新闻报纸文章里，人们依旧对日本的股市行情抱以乐观的看法："以稳健的经济形势和良好的股票供求关系为支撑，日经平均股票价格将在年底涨至44000日元左右……这是综合20位大型企业经营者对今年股票价格的预测得出的结论。"[1]但是仅仅一天后，泡沫就开始破灭了。

就在第二天，东京证交所的股价大幅下挫，自1990年的初始交易日起，日本存在的泡沫经济直接迅速崩溃。身处泡沫之中，少有人能够对此有清醒的认识，即便是在一开始股价跌破3万日元大关时，仍旧有很多股民对日本的股市持乐观的心态。

此前日本的股价虽然也出现过短暂下跌，但经济形势向好使股价在下跌后仍然会回升，增长才是泡沫经济时期的大趋势。所以进入平成二年，股价一开始出现下跌时，很多人都相信这只是短期的正常波动，是国际投机者海量地对日元进行抛售从而导致日元贬值，是从汇率市场传导到股市引起恐慌所致，只要时间稍长就会出现市场反转，而当时依旧保持增长态势的土地价格也帮助他们坚定了对日本经济的信心。

然而，预想中的转机并没有到来。为了对日渐上涨的地价进行打压，从1990年开始，日本银行总裁三重野康采取了紧缩

1 （日）野口悠纪雄．战后日本经济史［M］．张玲，译．北京：民主与建设出版社，2018.

的金融政策，3 月时日本的基准利率上升至 5.25%，比之前增加了 1%，股市的泡沫继续破裂，股价比年初时下跌了 20%。到 8 月时，基准利率再次上调至 6%。

就在此时，伊拉克与科威特引燃了海湾战争的导火索。国内的经济形势堪忧，国际上还可能爆发新一轮石油危机。双重打击之下，日本的股票持有者开始大量抛售股票，股价进一步下跌，自 8 月到 10 月的短短两个月间，日经指数大幅下挫。平成二年对于股票投资者来说是噩梦般的存在，而这一噩梦并未因新一年的到来而终止，反而愈演愈烈。1991 年上半年，微微回升的股价给股民带来了希望，但下半年股价的再次暴跌又给了他们沉重一击。

从 1992 年 4 月到 8 月之间，日经平均指数持续下跌，甚至跌至与 1985 年大体持平的 14000 多点。此时股指已经比最高峰时下降了 63%，不久之后，日本股市的泡沫彻底破灭。一半以上的财富在股市里悄无声息地蒸发了，这给股票持有者带来的打击可想而知。

“一朝被蛇咬，十年怕井绳。”在股票市场上损失惨重的投资者不再有勇气去购买股票这类高风险的金融产品，他们宁愿将钱放进几乎不能给他们带来收益的银行，也不愿冒“从云端跌落谷底”的风险。大批从证券市场撤离的投资者导致日本的证券业出现了空前的萧条，股票市场交易量大幅度下跌，证券公司入不敷出，赤字不断增加。

股市泡沫的破灭对日本社会产生了深远的影响，很多将大多数财富投入股市的人赔了个倾家荡产，从前的风光不再，人生自此发生了逆转。对于股票市场上那些低位买进、低位卖出的人来说，在股市上的损失还在可承担的范围内，但对于那些高位跟进、低位卖出的人来说，原本是希望从高利润的“大蛋糕”中分一杯羹，没想到蛋糕没吃到，连本都砸进去了。

来自股市的巨大波动给日本国民造成的心理阴影，使他们形成了投资股票等同于投机的观念，绝大多数人不愿意再将辛苦赚来的钱投进股市，这也使现在的青年一代在成长过程中几乎少有对投资股票的认识。对于刚刚步入社会、对财富有着强烈渴望的日本青年来说，尽管很想通过投资股票来使财富实现增长，然而，自小生长的家庭中绝大多数都是采用储蓄作为理财方式，学校也并未曾教学与投资相关的知识，他们很难说服自己在情况不明的条件下将钱盲目地投入股市。

不过，随着日本股市震荡的余波渐渐平息，年轻一代已经开始尝试购买股票。2017 年 10 月，东京一名 28 岁的公司职员大久保谅通过最低投资 1000 日元的证券公司，用 1 万日元分别投资了任天堂和索尼等 6 只股票，希望体验一下什么是投资。

对于像大久保谅这样的日本青年的投资心理和行为，日本交易所集团首席执行官清田瞭有所认识：“因股价暴跌而损失财产的伤痕痊愈，需要一代人的时间。”[1] 自 1990 年股市泡沫破灭至



1　王欢 . 日本年轻人正在改变投资行为 已开始购买股票［EB/OL］.［2017-12-22］. https：//finance.huanqiu.com/article/9CaKrnK67Lv.

今，30 载光阴已逝，而亲子的世代间隔大约为 25 年。曾经在股票上跌了大跟头的老一代渐渐退出，如今的日本青年渐渐向股票投资市场的主角转变。

安倍上台后，东京证券交易所的日经平均指数从 0.8 万日元上涨至 2.35 万日元，而工资水平却几乎没有增长，对于更具有冒险精神的年轻人来说，将资产投入股市不失为一种使收入增值的好选择。一些证券公司发现了存在于日本年轻群体中的潜在客户，推出了 24 小时网上交易平台，考虑到年轻人拥有的流动资金较少，以及部分人对风险的承受能力较弱，还推出了从 1 万日元开始的小额股票投资业务，很多青年人和中年人纷至沓来进入股市。



虽然现在离年轻一代成为日本股民的主力军还有一段距离，但随着日本经济形势的好转，相信在未来的股票投资市场上能看到更多青年活跃的身影。

## ● “渡边太太”投资之变

英国的《经济学人》杂志于 1997 年 3 月 27 日发表了一篇名为“Mrs Watanabe, mind your fingers（渡边太太，请管好你的手）”的报道，由“Mrs Watanabe”翻译而来的“渡边太太”首次进入了公众的视线。

“渡边太太”是活跃在外汇市场上的日本家庭主妇的代称，她们并非全部以“渡边”为姓，而是由于“渡边”在日本是常见的五大姓氏之一，所以这些在外汇市场上搅动风云的日本家庭主妇，就被集体冠以“渡边太太”的称呼。

1998 年，日本改革了外汇法，允许散户自由交易外汇，这为“渡边太太”投资外汇创造了条件。与此同时，因为泡沫经济破灭，日本央行为避免存款解约等流动性危机，将大量资金注入各金融机构的活期存款，使得短期利率与定期存款利率都大幅下降。

日本政府实施的零利率政策虽然减少了金融机构和企业的不良债权压力，但对将资产放入银行的储户来说，利益受到了损害。所以掌管家中财政大权的“渡边太太”不得不另外寻找出路，使家庭资产在严峻的经济形势下实现增值。在这种形势下，她们将目光瞄准了外汇市场。

“渡边太太”投资外汇有几大优势。首先，在泡沫经济破灭前，日本的男性几乎实现了充分就业，且收入增长迅速，而女性无论在婚前是否参加工作，婚后普遍都会回归家庭，成为家庭主妇，承担处理家庭内部大小事务的责任。经过战后日本经济高速增长时期的积累，“渡边太太”的手中拥有了相当丰厚的家庭可支配闲散资金。

其次，由于经济的高速增长，日本大多数国民过上了中产阶级的生活，电冰箱、洗衣机、吸尘器等家电成为众多日本家庭的标准配置。一些原本需要人力完成的家务，现在通过这些工具就能够完成，主妇们得以从繁杂的家务活中解放出来，这也意味着她们有更多的时间用在投资外汇上。

再次，日本在第二次世界大战以后对女性的教育非常重视，并对女性赋予了接受教育的权益。政府机构通过出台《教育基本法》以及《学校教育法》等诸多法律对“男女平等”的教育理念予以了正式的确立，使女性接受教育的权益得以保障，使女性在各学龄段的入学率不断提高，有时候甚至会超过男性。[1]对于需要一定操作门槛的外汇投资来说，拥有高学历的家庭主妇明显更容易上手，加上日本的银行和证券公司经常会举办一些讲座，帮助“渡边太太”了解投资知识和投资方法，她们也就有机会接受相对系统、专业的投资培训。

最后，虽然零利率政策使“渡边太太”的储蓄资产很难增值，但从 1999 年 2 月开始，日本采取对银行间隔夜拆借利率水平进行调整的策略，通过将日元兑换成其他高利率国家的货币，然后将外币兑换回日元，以此来套取利差收益。

在泡沫破灭后日元价值长期走低的环境中，“渡边太太”的“炒汇”手段无疑使她们赚了个盆满钵满，鸟居万友美就是其中的代表人物。她从 2006 年开始投资外汇，半年内得到的收益就超过了 1000 万日元。鸟居万友美根据自己的炒汇经验出版了《FXで月 100 万 储ける私の方法》（中译名：《我用炒汇月赚 100 万日元的方法》）一书，这本书一经上市就赢得众多消费者的追捧，两个月内卖出了 7 万多本。鸟居万友美在外汇市场上的成功

1　胡澎．平成日本社会问题解析［M］．北京：社会科学文献出版社，2019.

引得众多“渡边太太”跟风学习，一时间，她的人气暴涨。

由于“渡边太太”掌握了约16.8万亿美元的闲散资金，其外汇交易量在一段时间内甚至占据了东京现货外汇市场成交量的20%～30%，其他大多数投资机构与“渡边太太”的威力不可同日而语。她们在几乎同一时间对高息货币与各种债券进行高抛低吸，往往会引起股汇两市产生震荡。感于这一现象，全球金融战略家戴维·斯密克在他的代表性著作《世界是弯的：全球经济潜在的危机》一书里有这样一段描述：日本主妇在一夜之间成为全球外汇交易市场最大的幕后推动力之一，这让他感到非常不可思议。这些主妇们汇聚在一起，占据日本居民储蓄比例的很大一块，她们极为精通挑选和购买高收益率的海外债券。

但是，此类“将鸡蛋放进同一个篮子里”的投资方式确实是高风险行为，在经济形势产生变化、日元大幅升值的情况下，她们的财富市值将会大幅缩水，乃至损失惨重。

沙拉美香是一名典型的“渡边太太”，自2005年走上炒汇之路，她真切地感受到外汇市场的大起大落。最初她将500万日元的存款投入外汇市场，三四个月过去，她所赚的钱就是她在外贸公司得到的工资的好几倍，为此她辞去工作，成为专职的汇市炒家。几年后，当初投入汇市的500万日元翻了近三倍，这让她欣喜若狂。

然而好景不长，2008年金融危机爆发，被视为安全资产的日元持续升值，对美元、欧元等主要货币的累计涨幅超过了

40%，喜好做空日元买入外币的沙拉美香损失惨重，最多的一天，交易损失甚至达到600万日元，还被强行平仓。[1]

沙拉美香的经历是很多“渡边太太”共有的，外汇市场风起云涌，既有一夜暴富的传奇，也有血本无归的残酷现实。尤其是近些年高息货币崩盘现象时有发生，经济形势瞬息万变，套息交易的稳定性大不如前，新一代“渡边太太”的投资观已经发生了极大变化，开始尝试在更为广阔的资产领域进行投资。

新一代“渡边太太”多处在20～30岁的年龄段，由于日本经济长期处于通货紧缩的状态中，她们面临的投资形势更加具有挑战性，在投资上也因此更加谨慎。她们不再像老一代“渡边太太”那样将资产过于集中地投在单一的金融产品上，而是更偏向多元化和长期投资，如投资信托、外国股票和债券、养老保险等。为了降低手续费，精打细算的新一代“渡边太太”甚至会直接通过手机来进行交易。

在一家寿险公司电话客服中心工作的广川晴香刚过32岁，她对于积蓄形式全部为现金的状况非常担忧，更希望在全球范围内将投资分散化。她将13万日元投资在包括全球股票和跨资产基金在内的8个信托产品上，这些资金并不是一次投入，而是每天向每支信托投资100日元，这样一来风险更小，收益也

1　央视网．一位“渡边太太”的八年炒汇历程［EB/OL］．［2013-03-09］．http：//tv.cctv.com/2013/03/09/VIDE1362804242774696.shtml.

更稳定。[1]

与老一代“渡边太太”相比，新一代“渡边太太”在日本投资基数中所占的比例很小，但是她们的投资欲望日渐浓厚，更多的个人资本正不断向全球金融市场流动。

1　中国新闻网．日本年轻一代女性如何理财？追求投资多元化［EB/OL］．［2019-01-09］. https：//www.chinanews.com/gj/2019/01-09/8724352.shtml.

# 人口老龄化影响日本青年投资



我在东京大学社会科学研究所从事日本青年研究工作的同时，接触到了日本的老年群体和养老产业。作为国际上人口老龄化最为严重的国家之一的日本，老龄人口占比持续居高不下，导致日本出现了一个重要问题——社会劳动力相对低下。而当前，我们国家也面临着人口快速老龄化的问题，所以我在研学期间，走访了日本很多养老机构，看看日本是如何做的，这也让我对养老话题有着更深的思考。

战后，在婴儿潮期间出生的日本婴儿时至今日已成为老年人，他们掌握了日本社会的大部分财富，被称为“日本最有钱的群体”。他们能够累积社会大部分的财富受到了多方面的影响，例如在年轻的时候担心老后的生活没有足够的保障，便努力存钱；受到“不劳动者不得食”的教育，日本政府号召国民为美好的将来而储蓄，勤俭节约成为美德；高风险投资失败所产生的对投资的畏惧心理，使得这个群体的人更情愿将钱存在银行……除此之外，由于社会各种制度的完善和生活水平的提高，日本老年人的平均寿命延长，在世界各国预计平均寿命排名中，日本排名第一。

作为日本退休老人生活方式保障之一的养老金，其所具有的社会功能无可替代。然而，日本社会人口结构出现了一种畸形现象——一方面，老年人比例不断增加；另一方面，新生婴儿却越来越少。当今日本青年变成老人的时候，可能没有办法同老一辈一样，享受到较为优越的养老金制度。为了使老年生活得到足够的保障，日本年轻人选择了较为保守的投资方式，将自己的财产存进银行。除此之外，日本青年人逐渐开始将目光投向私人养老基金。

## ● 财富掌握在老年人手中

在中国，一般只有有一定退休金的老人才掌握着一定数量的财富，有一定的养老保障，而其他没有退休金的老人，手里并没有多少财富，甚至很多老人没有任何财富，全靠儿女赡养。这也就意味着中国老人并不富裕，绝大多数在年老时只有依靠儿女才能过活。而在日本，却有着与中国截然不同的情况。日本老人掌握着日本社会大多数的财富。

日本综艺节目《月曜から夜ふかし》（《月曜夜未央》）曾以“老年人的人生感悟”为主题，在日本街头对老年人进行了一次随机采访。其中有一位身体矫健、头戴帽子、身着整洁西装的老大爷突然出现在镜头前，记者立即上前对老大爷进行了相关的访问，得知这位老大爷已经85岁高龄了，他从75岁开始便住进了老人之家。

据这位老人介绍，他在老人之家居住的单间，房间的摆设也同家中的客厅一样，布置得非常温馨。美中不足的是，老人所住的单间价格为5万日元/天（约合人民币2951元）。而且，老人住进老人之家每年需要的总成本大约是600万日元（约合人民币35万元）。按照老人的支出计算，住进老人之家的10年间，他已经花费了6000万日元。老大爷说："如果没有上亿日元的话，是没有办法住进老人之家的。"这样一笔巨大的金额令众人感到惊讶，老人何以承担如此重大的资金负担呢？老大爷接着说："钱花光的那一天，就是我的死期。"这一番话语不免让人觉得有一丝落寞，记者试探着问："您现在还有多少存款呢？"不料老人却拔拉着自己的手指头数了一会儿，回答道："2亿日元（约合人民币1180万元）！"

本以为老人只有为数不多的存款了，但老人真实的存款令人出乎意料。在日本，这样的现象并不特殊，当今日本大多数老年人的手中的确握有一大笔可以自由支配的财富，几乎掌握着日本社会绝大部分的储蓄。2008年日本银行公布了一则关于日本个人金融资产为1500万兆日元的分布结果显示：29岁以下10兆日元；30～39岁86兆日元；40～49岁172兆日元；50～59岁330兆日元；60～69岁494兆日元；70岁以上452兆日元。

由以上数据得知，60岁以上的人占有金融资产的60%，50

多岁的人占有金融资产的 22.4%。将这两个年龄群体相结合可知，50 岁以上的人占有金融资产竟达到 82.4%，余下 20 ～ 30 岁的人仅占有金融资产的 0.3%。由此可见，日本绝大多数的财富都掌握在 50 岁以上的人群手中，成为社会可支配财产最多的群体。

就算在养老院，为了使自己的生活过得更好一些，一部分老年人也会想方设法调动自己的生活积极性。比如日本爱知县的一家养老院让我尤其印象深刻。这家养老院设施很齐全，餐饮、康复设施应有尽有。为了调动老人们的积极性，养老院设置了一种只能够在养老院内使用的虚拟货币（玩具货币），有多种不同的面额，不论是纸张还是设计都与日元纸币非常相似。养老院的老人们可以用虚拟货币换取零食、咖啡、外出旅游等礼品，氛围非常好。

日本老年人之所以能够掌握社会绝大多数财富，或许与以下几点密不可分。

人口老龄化带来的影响首当其冲，导致日本的老年劳动力在国际上名列前茅。所以，在日本的大城市中不难看见许多年迈的老人与年轻人一样，穿梭在城市的各个岗位之中，在日本老人看来，武士们为了保卫自己受封的领地不惜奉献自己的生命，耗费自己一生去追求值得的事情，包含了他们全部的人生价值。他们认为工作就是一件至高无上的事情。正是因为这样的态度，老一辈日本人即便在退休之后，也不愿意放弃自己的工作，因为他们认为，倘若不工作，便失去了人生的价值。

不仅老一辈日本人自己不愿意放弃自己的工作，而且日本政府近年来也出台了很多政策，对老年人的再就业予以鼓励。例如延长退休年龄、修改劳动法等相关规定，要求用人单位有义务为职工提供岗位到65岁，老年人在工作的同时也可以领取养老金。同时，一些大企业所实行的“终身雇佣制”也为老年人的工作提供了一份保障，使他们在退休之前能够有稳定的工作收入。勤劳的老一辈日本人通过工作增加了收入，这些收入也成了他们个人财富的一部分。



此外，养老保险制度给日本老一辈人带来了有稳定收入的保障。作为日本老年人最为稳定收入来源之一的养老保险制度，其组成部分，一是国民养老保险，二是厚生养老年金。按照日本养老保险制度的规定，只要是年龄范围在20～65岁的日本公民就必须参保。按照统计数据来看，国民养老金待遇占据日本老年人家庭收入构成比例高达63.6%。通过以上分析我们不难发现，养老保险制度在日本老年人的收入构成中具有不可替代的作用。而对养老保险制度进行追根溯源，可以回溯到19世纪中叶明治维新时期的“恩给制度”。不过，建立在职业维度基础之上的日本养老金制度，很容易受到产业结构调整的冲击和影响。从20世纪80年代开始，日本政府对养老金制度予以了改革，这次改革专门针对国内情况的变化，比如将原来相互保持独立的公共养老金制度调整为沿用到今天的二层年金制度，实现了统一。针对日本出现人口老龄化与少子化等人口结构、经济低迷、失业率增加等社会发展问题不断进行制度完善。近年，日本政府对养老金的领取年龄进行了弹性限制，鼓励老年人延迟领取养老金。在起始期间，老年人每延期一个月领取养老金，其领取额度将相应地增加 0.7%，如果延迟到 70 岁才开始领取养老金，则享受养老金额比标准额增加 42%，且终身受益。[1]

除此之外，日本的医疗保障也为日本老年人节约了很大的一部分开销，日本老人似乎从来不会担心没钱看病这样的问题。99% 的日本人加入了全民医保，其中，关西大学经济学教授佐藤雅代在 2019 年中国公共财政论坛上曾表示，75 岁以上的老年人在看病的时候只需要负担 10% 的医药费，剩下的 90% 部分全部由国家予以报销。

此外，日本还存在着一种叫做“高额疗养费制度”的制度，它堪称日本全民医保制度当中最好的制度。根据这个制度规定，病人一个月中在同一家医院因为同一种疾病的诊疗费用是封顶的，封顶额度根据收入而定。通常情况下，病人花费了 8 万日元（约合人民币 4700 元），这就是“高额医疗费”，超过这个额度就全部由健康保险买单。以最常见的年收入 370 万～ 770 万日元为例，若一个月中看同一种病，看病费用超过了 8 万日元，此后若再因为一样的病产生的任何治疗费用，全部由国家来承担。如果是 70 岁以上的低收入群体，如常见的“老后破产”“老无所养”的老人，每个月看病只要超过 8000 日元（约合人民

1 杨慧．日本政府出招鼓励老年人再就业［N］．中国社会报，2019-11-25（007）．

470 元），国家就封顶了，此后的花费全部报销。

可见，日本老年人基本不用担心老后无法养老的问题，大多数的日本老年人都有足够的资产让自己能够过一个较为安好的晚年，他们可以将这些资产自由分配，或把钱存进银行，抑或把钱投入其他随时可以把钱变现的金融产品中，尽量降低金融的风险。只是，大部分日本老一辈人都是倾向于把钱存入银行。有一个有趣的现象，由于日本老人有一直存钱的习惯，在原本个人金融资产减少的“失去的 20 年”间，日本国民的个人资产竟然增加了 700 万亿日元。另外，日本老年人普遍会将每月汇入年金账户里的约三成的资金用来储蓄，等到去世时，平均每人拥有 3500 万日元的金融财产，营造了一种“日本老年人在去世时是有钱人”的现象。



与日本老年人相比，日本的年轻人或许就显得窘迫得多，两者形成了鲜明的对比。日本厚生劳动省在 2018 年发布了全年度工资结构基本统计调查表，根据该数据显示，大学毕业生的起始工资为 20.67 万日元（约合人民币 1.27 万元），比上年增加 0.3 %。在这组数据当中，男性为 21.01 万日元（增长 1.1%，约合人民币 1.29 万元），女性为 20.26 万日元（下降 0.7%，约合人民币 1.24 万元）。男性连续 5 年增加，而女性时隔 5 年之后再次减少。不仅如此，在单位工作的正式职员还可以获得奖金，但是非正式员工一般无奖金，因而，正式员工同非正式员工之间也就出现了收入方面的差距。

虽然刚入社会的年轻人工资有所上涨，收入看似可观，但这部分工资还需要扣除他们的养老保险、健康保险和税金等，所以实际到手的工资已经减少了一部分。更重要的一点是，东京的消费水平引人注目地高。

就拿一位刚入职场的女性一个月的基本开销来说。这位女性在东京都内上班，由于东京都内的房价太高，所以她独自在东京近郊租了一间约 20 平方米的单身公寓，每月的房租为 5.8 万日元。为了租下这间单身公寓，她分别付了押金、礼金、中介费和保证金等，最后一共花了 20 多万日元与房东签了两年的合同，这样平摊到每个月的租房花销约 6.5 万日元。

此外，她还需要缴纳水电费、煤气费、电话费和网费，大约每月需要花费 1.8 万日元。由于住在东京近郊，她每天都需要乘坐电车前往东京都内上班。通常东京地铁的起步价为 140 日元—160 日元，每月交通费超过 1 万日元公司可以报销，所以每月她的交通花费约 0.2 万日元。

在饮食娱乐方面的开销上，她通常情况下在工作日会选择在公司附近吃午饭，每月的午饭开销约为 1.1 万日元，而早饭和晚饭通常在家中吃一些简单的便当，周末的时候会和朋友们一起外出吃饭，或参加其他的娱乐项目，这样算下来每月在饮食娱乐方面的开销约为 5.1 万日元。除去以上开销，这位女性还会产生其他的消费，例如买鞋子、服装、化妆品和日用品等，每月的最低消费为 2.5 万日元。由此可见，每月的工资减去必要的生活花费，最后真正留在年轻人手里、可以任凭他们支配的资产已为数不多……

这样看下来，虽然面临严峻的人口老龄化，但日本的老年人还能够为社会创造价值。不仅如此，相较于年轻人，老年人的人均储蓄多出不少，因而，老年人并不会完全对年轻人构成负担。每个青年人总要经历衰老，年龄并不是用来衡量我们工作能力和价值的标准。对于劳动就业、养老保障等方面带来的影响，需要国家和社会一起积极地去面对。

## ● 为老后生活投资



养老，在全球都是一个热门话题，任何一个国家的人们都会担心自己的养老问题。当自己年老后，没有了劳动能力，该如何养活自己？为此，很多人在年轻时，在自己有劳动力时，就会为自己年老时候做打算。而把钱存入银行是大多数人最愿意的选择。

2017年，日本消费者厅公布的《消费者白皮书》显示，在日本20～30岁这一阶段的年轻人中，有接近70%的年轻人倾向于将钱用到储蓄上，成为所有年龄阶段人群当中选择储蓄比例最高的群体。事实也证明，年轻人对“储蓄”的确情有独钟。日本总务省调查结果显示，截至2017年，在日本20～29岁的年轻人中，人均储蓄额已达到184万日元（约合11万元人民币），超过了这一年龄层平均收入的一半左右。

按照常人的思维，把钱存入银行是一件理所应当的事情。一方面，可以对钱财的安全予以保证；另一方面，也因为钱存银行的储蓄功能而产生一定的利息。大量的日本年轻人之所以愿意将自己的钱存入商业银行，是因为日本商业银行针对“储蓄”的回报率很高？其实并不然。由于日本在经济上面临着一些特殊的情况，例如通货紧缩，贸易赤字扩大；全世界范围内，主要经济体的货币政策相继出现了调整，使得日本金融市场的波动幅度加大了。政府先后实行的两轮质化和量化宽松政策未达到预期效果，既没有使基础货币进入实体经济，也没有让日本摆脱通货紧缩。

为达到使基础货币重新流入实体经济，对消费带来刺激作用的目的，2016 年 1 月，日本央行推行了负利率政策。值得注意的是，日本是世界上为数不多的中央银行推行负利率政策的国家。截至 2017 年，日本商业银行的活期利率仅为 0.001%。这是一个怎样的概念呢？如果存 100 万日元到银行里，每年的收益只有 10 日元。

尽管将资产存入银行的利率如此低，甚至储户会出现倒贴的情况，但大多数的日本年轻人依然热衷于将自己的个人资产放入银行中。在外界看来，这是一个非常奇怪的现象，但与日本的国情相结合起来，我们就能够理解其中的内涵。

由于人口老龄化日益严重，日本政府或许有朝一日没有足够的钱继续给老年人支付养老金。2019 年 6 月，日本金融厅对一份资产报告进行了汇总。这份报告基于国民平均收入和支出的状况推算出日本各个年龄层的金融资产变化状况。其中，男性 65 岁以上、女性 60 岁以上的夫妇，在退休以后如果只依赖于公共养老金制度生活的话，每个月将会产生多达5万日元（约合人民币3200元）的资金缺口。

根据世界卫生组织（WTO）发布的《世界卫生统计2018》中“长寿排行榜”显示，在全球各个国家的预计平均寿命排名当中，日本排名高居榜首，达到了84.2岁（女性的预期寿命为87.1岁，男性的预期寿命为81.1岁）。由此可见，受日本老年长寿化的影响，老人再活20年，夫妇的资金缺口将达1300万日元（约合人民币83万元）。

根据推算，目前日本60岁的老人有25%将会活到95岁，他们大约需要储备2000万日元（约合人民币128万元）的金融资产，才能安心享度晚年。除此之外，这次报告还建议人们自劳动年龄开始，便可以对自己的资产进行灵活的安排，比如分散投资国内外的长期储存型金融商品。老年人在退休没有工作之后，也离不开科学地对自己的退休金进行使用，真正为自己的晚年生活做好充分准备。

一位日本年轻人说：“现在的养老金制度恐怕难以维持到我们这一代。金融部门所说的2000万日元也许还不够。”受社会环境影响而担忧“老年破产”的年轻人，即使在日本中央银行采取负利率的政策下，却依然将自己的钱存入银行中。在日本年轻人看来，相较于其他的投资方式，把资金存到银行实为更保险的一种投资方式。虽然储蓄是投资的第一步，但日本的年轻人不得不考虑通货膨胀，即货币价值可能相对下降，所持有资产的价值可能下降。为了使自己年老后的生活得到足够的保障，除了依赖于公共养老金制度，日本的年轻人还络绎不绝地建立了各自的私人养老金账户，由个人型定额缴款养老金（iDeCo）与日本个人免税储蓄账户（NISA）两大部分组成。

首先是个人型定额缴款养老金（iDeCo），它是根据《定义缴费养老金法》于2002年1月开始实施的私人养老金计划，以国家养老基金联合会为主体所实施的制度。主要是国民退休金和员工退休金的补充系统，为在日本居住且年龄在20～60岁之间的自雇人士及其家人、自由职业者、学生，60岁以下的养老金被保险人（国民养老金的第二被保险人），雇员退休金或互助协会成员的受抚养配偶（国民退休金的第三名被保险人）提高税收优惠，从而进一步提高退休收入的安全性。iDeCo的加入者最低的限额5000日元以上可以自由决定缴费金额，并且按月缴纳。要是未能缴纳第一支柱的国家养老保费，就没法缴纳iDeCo。2017年，iDeCo进行过一项重大的改革，即受保范围扩大至公务员和家庭主妇。60岁之后便可以开始领取养老金，这样的养老金制度被许多人认可为退休后过上富裕生活的资产累积方法之一。

其次是2014年推出的日本个人免税储蓄账户（NISA），正是因为NISA具有免税的性质，所以对日本人具有一定程度的吸引力。但其参与资格具有一定的限制，比如需要年满20岁的日本居民才可以向类似于证券机构和银行一样的金融机构申请，并且每人只能申请一个账户。2016年，NISA对每一年的投资上限予以调整，由100万日元调整上升为120万日元。只要是在

NISA中进行投资而获取的收益，均可以在5年之内对其所得税以及资本利得税进行减免。同年，为了鼓励年轻人尽早合理分配资金，增加年轻人的储蓄，日本还推出了Junior NISA（少年个人免税储蓄账户），即日本19岁以下的未成年人也可以使用NISA。由于NISA的成效显著，截至2017年9月底，NISA的申请账户已经达到241306个，相比2017年6月底增长了6.5%，各年龄段的占比相对平均。[1]除此之外，2018年，日本还计划推出每月分期付款个人储蓄账户（MI NISA），进一步吸引年轻人尽早为晚年的生活做相应的资金准备。



在参与NISA的人群当中，有超过半数的人是年龄超过60岁的。年轻人缺乏开设NISA账户的积极性，主要是以下原因造成的：可运用或配置的资金不足（占65.1%）、对相关的投资知识不足（占34.2%）、对于投资抱有负面情绪（占33.6%）以及对NISA账户不够理解（占31.8%）。

通过多方面的努力，20～40岁人群开立NISA账户的增长率近年都位居前三。在2016年，20岁的NISA账户拥有者年增长5.3%，30岁的NISA账户拥有者年增长10.4%，40岁的NISA账户拥有者年增长12.7%。[2]

1 宋凤轩，张泽华．日本第三支柱养老金资产运营管理评价及借鉴［J］．社会保障研究，2019（06）：90-99.

2 宋凤轩，张泽华．日本第三支柱养老金资产运营管理评价及借鉴［J］．社会保障研究，2019（06）：90-99.

# 高负债的不动产投资



20 世纪 90 年代，日本的股市泡沫骤然破灭，股票价格暴跌，几乎所有的银行、上市公司、证券公司都出现了巨大的亏损。因投资股票损失惨重而破产倒闭的企业数量众多，造成大量的不动产涌入市场，房地产市场上的供应量远远超过了需求量，价格下跌趋势明显。很多因为参与不动产投资项目的非银行金融机构相继出现破产，导致给这部分非银行金融机构提供贷款的银行亦因此而背负上了金额巨大的不良债权。

自 1991 年开始，日本的不动产市场出现崩塌，自东京破裂的房地产泡沫迅速蔓延开，很快日本全国的地价、房价都开始走低，直到现在都少有地区能够从当年不动产市场的震荡中恢复过来。只是，伴随着经济的发展与外来人口的纷纷涌入，东京的房地产市场在近年来出现了回暖，从而吸引了海外资本的注意，并使得海外资本不断注入，从而带动了日本国内整个不动产板块的投资不断增加。在这种情况下，一些日本年轻人将目光投向不动产投资，他们不愿再将全部资产放进银行换取极低的收益，而是希望跻身火爆的租房市场，通过做房东来赢利。不过，大多数日本青年并不能一次性为东京高额的房价“买单”，所以他们大多选择向银行贷款，为此背负了巨额的债务。

## ● “土地神话”的破灭

作为中国最具有影响力的金融中心之一的陆家嘴，坐落于上海市浦东新区，这里有着全上海人非常熟悉的商业购物中心，即第一八佰伴。仅10层高的大楼中，大批轻奢、潮流品牌店铺林立，各种休闲、娱乐、餐饮等商家，给每一位前来这里的消费者带来方便、快捷以及多元化的一站式服务。



第一八佰伴历时25年，在这25年里经过了几次转型，成为中国第一家中外合资的商业零售企业。这家企业不但没有在时代的浪潮中成为落伍的存在，反而日新月异，多次荣登上海百货年销售榜榜首。尤其是在一年一度的“岁末惊喜迎新年”酬宾活动中，前来跨年的老老少少摩肩接踵，整个商场里气氛火爆，让人不禁联想起第一八佰伴正式开业当天的盛况。

1995年12月20日，时值深冬，天气寒冷，但是这丝毫没能影响人们对这家当时全球最大的百货商店的热情。前来购物的和前来看稀奇的人挤满了这家商场的所有空隙，一拨人离开后，很快就有另一拨人涌进来。仅仅一天，光临这家商场的人数就达到了107万人，甚至因此获得了吉尼斯纪录。

中国的第一八佰伴经营得十分成功，但是作为其刚成立时的合资伙伴，日本曾经最大的商业集团八佰伴面临的局面与其截然不同。1997 年 9 月，在中国第一八佰伴开业不到两年的时间里，日本八佰伴因为受到房地产泡沫破灭的冲击，破产倒闭。

八佰伴在巅峰的时候，在全球各个地方一共有着四百家百货公司与超市，近 3 万名职员，每年的销售额则是超过了 5000 亿日元。20 世纪 80 年代正值日本泡沫经济时期，飙涨的房价与地价差一点使得全部日本国民坚信——房地产价格上涨乃大势所趋，就连和田一夫也一样。在 80 年代中期“广场协议”签订之后，日元开始大幅升值。此外，日本政府在当时推行了宽松的货币政策，使得大量的海外资金涌入了日本，导致存在银行里面的钱过于充裕，以至在短时间内需要大量的贷款者。

为了说服和田一夫贷款，银行为他算了一笔账：如果他买一块地，并利用这块地建造购物中心，一部分商铺可以自己使用，另一部分可以租给需要的商户，这样既能得到土地升值的利润，也能得到房产升值的利润，还能得到出租店铺的利润。和田一夫听从了银行的建议，贷款买下了大量的土地，然后在其上修建购物中心。一番操作之下，八佰伴的商业版图不断扩大，迅速成为日本最大的商业集团。

然而，随着 20 世纪 90 年代，股市泡沫破灭，房地产泡沫在坚持了一段时间后也步了股市的后尘。一天天下跌的地价、房价让和田一夫损失惨重，银行担心收不回贷款，时时催促他尽快还款。在八佰伴破产之前的半年，和田一夫把 16 家店铺卖给了日本的大荣公司——日本另一家大型超市集团，换得320亿日元的周转资金，然而银行急于止损，极力劝说和田一夫先还贷款，还声称一个星期后再贷款给他，如此一来，就使得八佰伴的业绩看起来更好看，股价也随之而上涨。

和田一夫相信了银行的说法，将320亿日元还给银行，但是银行在收款后拒绝再次贷款给他，这成为"压倒骆驼的最后一根稻草"。资金链断裂后，山穷水尽的和田一夫不得不向法院递交了破产申请，庞大的商业王国一夕之间轰然倒塌，他也从商业帝王变成了无家可归的流浪汉。[1]



在房地产泡沫破灭时期，与和田一夫拥有类似经历的人并不少见，在地价、房价不断上涨的大趋势下，投资不动产意味着能够获得暴利，这导致日本国民上下涌动着炒房、炒地的热潮。很多财团和企业也纷纷将大量资金用来投资不动产，如丰田汽车、日立电机等。

日本国内的投资者在热衷于投资日本国内不动产的同时，也将投资的范围扩展延伸至全球市场的不动产。从1986年开始，日本在国际市场的不动产投资总金额每年都在增加。1990年宇宙世界房地产公司用超过8亿美元的价格买下加利福尼亚圆石滩的高尔夫球场和豪华酒店等。

日本对海外市场进行投资的主要对象国家是美国，其投资

---

1　徐静波．日本商业帝国八佰伴是如何破产的［EB/OL］．［2018-05-17］．http：//blog.sina.com.cn/s/blog_4cd1c1670102xgtc.html.

总额在 1985 年时约为 19 亿美元，到 1988 年时约为 165 亿美元。1989 年底，日本土地资产总额约为 2000 万亿日元，而此时美国的土地资产总额约为 500 万亿日元，所以当时有人甚至说“卖掉东京就可以买下整个美国”“只用皇居的土地就可以买下整个加拿大”[1]。

日本投资者对美国不动产的竞相投资使纽约郊区或洛杉矶地区的地价大幅度增长，夏威夷甚至发生了所谓的“地价革命”。但是泡沫经济破灭后，这些海外不动产投资迅速回落，到 1993 年，这些投资的总额甚至连 1989 年 1/10 的水平都达不到。曾经花费巨额资金用在投资洛克菲勒中心上的三菱地所公司，损失金额甚至高达 880 亿日元。[2]

破灭的房地产泡沫使众多投资者受到巨大冲击，破产倒闭的企业数不胜数，为买房背负高额债务的个人更是受到失业和资产缩水的双重打击。

即便过去了很多年，当初参与不动产投资的人依旧心有余悸，甚至依旧没能摆脱这次危机的余波，山本一郎就是其中之一。1989 年，山本一郎从银行借了大量的钱，用 6000 万日元买了一套双层别墅。泡沫经济破灭后，这套房子不断贬值，价值

---

1 （日）野口悠纪雄．战后日本经济史［M］．张玲，译．北京：民主与建设出版社，2018.

2 孙明贵．泡沫经济时期日本对外投资失败的原因［J］．现代日本经济，2000（01）：32-35.

甚至跌到连买入时一半的金额都达不到。和妻子离婚后，为了偿还银行的高额贷款，他将别墅出租出去，自己搬进了另外租下的10平方米小屋。即便这样，省吃俭用的山本一郎还要20年才能还清所有的贷款。

在不动产投资方面经历过惨重损失，吸取了教训的日本国民，投资理念出现转变，不再是仅仅看单边价格上涨所产生的盈利，也注意到价格下跌带来的风险和损失。曾经的春风得意和后来的倾家荡产形成了极大的落差，持续低迷的不动产价格使有投资意向的年轻人望而却步。

这种不动产投资低迷到什么程度呢？按照日本不动产研究所提供的土地价格指数，20世纪90年代初，日本的土地价格指数在270上下，到2004年时降至70左右，仅14年的时间，地价就缩水了比原价的2/3还多[1]。东京等都市圈的不动产价格好不容易出现了上涨趋势，又因为银行的融资观念过于保守，不愿为不动产公司提供贷款，使一些不动产公司在2008年的金融危机中因为现金流问题而破产，不动产价格下跌，投资再一次遇冷。[2]

理想与现实的差距，让日本人投资的步伐渐渐放缓。日本青年一代更是改变了投资的态度和心理，大多数人选择最保险的储蓄，而对股票、房产等投资望而却步，即使是投资的青年，

1 （日）野口悠纪雄．战后日本经济史［M］．张玲，译．北京：民主与建设出版社，2018.

2 （日）大前研一．低智商社会［M］．千太阳，译．北京：中信出版社，2010.

也抱着谨小慎微的心态，不敢大额投资，这也就使得日本需要“活”起来的经济迟迟迈不开步伐，难以实现经济全面、快速的增长。

## ● 负利率政策下的青年买房客

日本中央银行为了鼓励商业银行能够进行更多的放贷活动，从而刺激日本的投资和经济增长，在 2016 年 1 月 29 日宣布采取－0.1% 的利率，致使日本进入了负利率时代，日本也因此而成为整个亚洲第一个实施负利率政策的国家。

受该政策的影响，国内的人们把资金存到商业银行就会发现，其财富非但未出现增加，相反会随着物价的上涨而出现变相的贬值。人们也开始意识到“不把鸡蛋装在一个篮子里”的道理，逐渐将财产由集中管理变为分散管理，灵活运用财产，尽可能使自己的财富增加。在负利率的情况下，人们通常可以选择分红险、债券、基金、购房、炒股和期货买卖来避免自己受负利率政策的影响，让自己的财产能够得到保值或增值。在这当中，相较于其他几种投资方式，购房是具有相对稳定性的。不仅如此，房地产行业对利率的变化非常敏感，任何形式利率的变动对房地产市场所产生的影响都极为明显。

2018 年《日本经济新闻》报道，日本内阁府根据总务省的家庭收支调查等计算得出，2017 年在 39 岁以下家庭中，债务已达到家庭年收入的 187.8%，是 2007 年的 1.4 倍。虽然所有家庭的负债平均值仅增长6个百分点，但年轻一代的债务明显增加。其中，债务增加的主要原因为房贷。

中岛正人博士是日本房地产的专业人士，他曾经在日本国土政策局就职多年，此后一直都从事地产研究工作。对于日本房地产行业的发展状况，中岛正人博士表达了自己的看法："要说现在日本的房地产呢，像东京、大阪、名古屋等城市地区的地价在上升，这就意味着经济正在回暖变好，但不是全国所有的地方都是这样的，有价值的不动产更受大家的认可。"

根据"日本土地价格"数据，日本的土地价格自2013年以来连续五年上涨，2017年的土地价格同比上涨6.28%。在这当中，东京都市圈的房价出现了自2013年以来的上涨，而东京的房价指数跌回20世纪末21世纪之初的水平。虽然20世纪90年代房地产的崩盘给日本人留下了不小的阴影，但近年来日本中央银行长期实行几乎为零的利率政策，房贷的利率非常低，部分日本银行10年期贷款利率已下降至1%以下。

不同于中国人在中国买房时需要交一笔巨额的首付，日本人在日本买房需要交的首付非常少，一些卖房的企业甚至宣称零首付，即每个月只需要像上缴房租一样，直到上缴的费用与购买房子的价格持平，这房子便属于住户了。所以并不是所有人都无法忘怀曾经的伤痛，一些善于抓住机会的年轻人已经在房地产行业采取了相关的行动。

野多先生是一位在东京IT公司上班的员工，虽然他在东京的郊区已经有一处房产了，并和自己的妻子、宠物居住在他们的“一户建”里，但是家与公司的距离太远，以致在生活上造成了许多不便。例如，大量的时间都花费在上下班的路途中，一旦他工作太晚，列车停运，便赶不上列车回家。此时的野多只有两个选择，一是选择打车回家，二是选择在附近的胶囊旅馆里住上一晚。

通常情况下，野多会选择后者。因为在胶囊旅馆里住上一晚只需要花费 300 元左右人民币，而打车回家需要 1 个小时的车程，费用高达 1000 元人民币。鉴于此，野多打算在公司附近再购买一套房产，并为此看了很多房子，在他看来，好地段的房子受到热捧，根本不用担心卖不出去。野多先生虽然已经看中了几套公寓，但由于东京新上的塔楼式非常抢手，需要抽签才能够买到。

除了生活便利的因素，野多在东京市区内买房还有一个重要的原因——投资。2020 东京奥运会将为沉寂多年的日本经济注入一丝活力，日本的经济将会继续回暖，东京的房价仍有上涨的空间，野多对日本楼市的发展充满信心，他说：“我相信日本的不动产会有更进一步的发展，所以我以后也想渐渐投资日本的房地产。”

另外，一位在日本旅居超过 20 年的日籍华裔——肇野，和他的日本太太也非常热衷于在房产领域投资。他们投资房产的比例已占他们所有收入的 60%，甚至更高。

肇野夫妇认为，把资金存入银行是一笔不划算的投资，因为日本银行几乎没有利息。“存定期的话，3 年或 5 年顶多能得到 0.03% 的利率……所以还不如投在房产里面，哪怕就是回来 3% 或 2% 的利率，也是可以的，就当存银行了吧。”

而在对房地产进行投资之前，肇野先生还曾经对房地产之外的其他投资方式进行了尝试。比如炒外汇，但由于国际经济环境不够稳定，他便放弃炒外汇的想法。之后他也想过去买股票，但由于股票具有高风险性，他没有足够的信心从中获取利益。想来想去，他还是决定将自己的资产都投入房产领域。

“不是说日本房地产有多好，它既不会涨太多，也不会跌太多。”经历过房地产泡沫经济的日本已经深刻地吸取过历史的教训了，政府和房地产行业的相关人员都累积了非常宝贵的经验，他们会对房地产市场进行大方向的把握，给未来日本国内房地产市场之良性发展带来可靠保障，以防历史重现。

当然，青年人买房投资是因为抓住了社会的需求。在日本社会里，也有相当一部分人宁愿每月付大量的租金给房东，也不愿意买房。除此之外，大量的境外游客使得日本酒店供不应求，人们还可以将自己的房子用作酒店或民宿……总的来说，日本房产的投资具有多样性。一些日本的青年抓住了负利率政策的机会，买房投资，从而使自己的资产得到增加。

# 第四章
# 家庭与社会

日本年轻人不愿意结婚，也就不愿意买房，这恰恰也正是社会“低欲望”的表现之一。尤其是在泡沫经济崩溃时期成长起来的年轻人，他们不再崇尚奢侈消费，但又走向了对立的现实主义。他们会计算双方恋爱结婚所要付出的代价，也会在生活中处处计算风险。

# “夹心层”团块世代破产

在别人眼里，我一直是一个乐于折腾自己、挑战极限的人。当我辞掉警察的工作转而投向写作的怀抱时，我的父母、亲戚极力反对。他们觉得主动放弃公务员铁饭碗的我很傻，而我只是想捍卫我的梦想，哪怕我是从25岁才开始逐梦。 

我总在不断地折腾，几年前，曾经有人好奇地问过我：“你这么折腾自己的动力是什么？”我认真地想过，并列出了这几个答案。

第一个，是梦想。很多人一听见梦想这个词，就哈哈大笑，一幅鄙夷的神态，认为梦想是一个俗气、土得掉渣的词语。而我却始终认为，一个人没有梦想是可怕的。一个没有梦想的人，会找不到努力的方向，从而浑浑噩噩地度过一生，犹如无根的浮萍，四处飘荡，找不到落脚的地方。

人生最可怕的事不是死亡，而是没有梦想，面对现实甘于平庸。当你临到老时，才发现自己忙忙碌碌一辈子，因没有梦想而错过了很多，还有很多遗憾未了，却又无可奈何，这样的人生何其可悲、可叹！而这，并不是我们想要的人生。

第二个，是责任。对于家人的责任，特别是处在上有老下有小的中年时期，我们的压力不可谓不大。老人的赡养、小孩的成长以及各种生活中的琐碎，带给我们源源不断的压力。作为家人的“靠山”，唯有更加努力、更加拼搏，才能让老人有舒适的晚年、小孩有更好的人生。这也是我们每个人一辈子为之奋斗的动力。

第三个，我折腾的最大动力，则来源于我不想安于平凡。或许是不想被人看不起，又或者是为了争一口气，我不甘输于人后，我曾经发愤图强，勤奋拼搏，只为了有一天能抬得起头，争那一口气。



与我主动选择折腾不同的是，日本“团块世代”的“大龄”折腾更像现实境遇下的无奈之举。

“夹心层”一词形象地反映了日本青年的父辈们现今的状况。一方面，曾经助推日本经济高速增长的“团块世代”已经成为老年大军中的组成部分，而由于日本人的寿命很长，他们的父母很多依旧健在。另一方面，他们的下一代，也就是目前日本青年的中坚力量，从步入社会时就不得不面对就业冰河期和金融危机的严峻形势，处境颇为艰难。

“上有老，下有小”的团块世代既要承担赡养高龄老人的责任，又要对他们的下一代进行或多或少的援助，压力不可谓不大。虽然他们已经在领取年金，但是由于各种原因仅靠年金完全不足以维系生活的大有人在，所以很多本该享受晚年幸福生活的团块世代在退休后仍然选择坚持工作，努力维系家庭这一纽带。

然而，随着时间流逝，出于年龄和身体等各方面原因，团块世代们原本就不够稳定的生活面临的破产风险将大大增加，一旦“老后破产”成为一种趋势，将会给日本社会，以及当今的日本青年造成难以估量的后果。

## ● 替时代买单



在如今的日本，不难看到这样的画面：老人白发苍苍却依然四处奔波，他们或是超市理货员，或是送货骑手，或是出租车司机。这不禁让人好奇，是什么样的压力驱使着日本老人在两鬓风霜、颐养天年的年纪，仍在拼命、勤恳地工作？而且很大一部分人从事的工作比较低端，工资不算高，工作强度也不低，甚至工作期限也没有保障。

2016 年，日本 NHK 电视台出品了一部纪录片——《团块世代：悄然迫近的老年破产》，它深刻地揭露了一代人的真实与悲哀。影片中记录了三个日本普通家庭的日常，从他们的身上折射出日本当今社会存在的一个迫在眉睫的课题：团块世代的老年破产[1]问题。

1 在日本，人们对年金不足以生活的老人，称为老年破产。

以纪录片中的受访人物河口晃为例。河口晃出生于“团块世代”的典型年份1947年，从小在福冈长大，高中毕业后在东京一家大型运输公司担任驾驶员，后来转变工作岗位，成了一名营销人员，他曾经的年收入一度超过了1000万日元。河口晃在20多岁时结婚，因忙于工作而忽略了家庭，43岁时离婚。此后河口晃遇上日本泡沫经济破灭，失去了正式工作，只得四处打临工勉强为生。

如今，河口晃一个人居住，每个月都会坐车前往横滨市的护理中心探望97岁的母亲，顺便缴清5000日元护理费用。这笔开支对他来说并不轻松。让他感到喘不过气来的还有儿子，彼时39岁的儿子生活在东京都内，但工作很不稳定，作为父亲的他时常施以援手，帮助儿子渡过困难期。



可河口晃的年金[1]每个月只有14万日元，开支却有14.9万日元，这意味着每个月他都要赤字9000日元，入不敷出。为维系生活，他不得已在65岁时又开始工作，当一名驾驶员，时薪1000日元。回忆年轻时的生活，河口晃表示，当时根本没有想到过老年生活会如此艰难。年轻时风光无限，老后却要面临破产的压力，这是团块世代一代人的无奈，也是一代人的悲鸣。

是什么导致这些人在年老之后走向了破产的命运？其原因

1　日本年金制度是日本长期发展并在第二次世界大战之后逐渐确立起来的养老制度，分为“公的年金”和“私的年金”两种。日本的“公的年金”制度包括自营业者和无工作者在内所有国民都加入国民年金制度，享受基础年金的“国民皆年金”的框架。

不在于他们好吃懒做，恰恰相反，他们勤劳朴实、吃苦耐劳，相当一部分人在六七十岁时仍在拼命地工作。他们活跃在各行各业的一线岗位，用自己的力量为日本社会做着各种贡献。然而，个人与国家是休戚相关的，个人的命运与国家的命运紧紧相连。最终，日本的时代因素造成了老人老年破产。

团块世代出生于第二次世界大战后，承担战后经济繁荣的重任，为日本战后经济的腾飞做出了贡献。但这一代人在 40 多岁时遇上“危机”，日本泡沫经济破灭让他们一度失业，50 多岁时又碰上企业大规模裁员，此后很多人失去正式工作，工资收入一路下滑。也是因为这个原因，很多人没能在中青年时存下足够多的存款。

在 NHK 电视台出品的纪录片《团块世代：悄然迫近的老年破产》里，有一组日本内阁府调查的数据显示：日本老人中 23% 的人拥有 2000 万日元的存款，但没有存款或者存款不足 100 万日元的人也占到了 20%。实际上，在日本破产的老年人中，有些人在年轻时是实现了财务自由的，他们就是存款多达 2000 万日元的那一批人，可受家庭原因、亲缘关系的羁绊，他们不得不花着存款，承担上有老、下有小的义务。纪录片中的青山政司就是其中之一，他年轻时靠做生意攒下 2000 万日元的储蓄，但随着母亲的护理费用、日常生活费用的支出，即便每月有年金 8 万日元，也要赤字 7 万日元，他只得靠储蓄金维持平衡，仅仅五年时间就花掉了 400 万日元的存款。

青山政司绝不是个例，根据纪录片对 277 户家庭调查的统计分析表明，有上一代老人需要照顾的家庭为55户，占比为20%，同时在这55户中向孩子提供生活帮助的有49户，占比为90%。可见，团块世代犹如生活在“夹心层”，处于两代人的夹缝中。因此，团块世代一旦破产，对于上一代和下一代来说，都将产生重大的影响。

团块世代的上一代约180万人，他们是日本乃至全球最为长寿的一个群体。因为父母长寿，不少团块世代不得不长期承担护理的重任，且这笔花销是持续的支出，因为上一代人多是做小生意或者面朝黄土背朝天的农民，因交不起年金保险费，而在退休后年金很少甚至没有年金，团块世代必须承担起赡养老人的义务。

而团块下一代人数约为790万人，大学毕业时恰逢就业冰河期，其中三成属于非正式员工，工作极其不稳定。这些团块下一代中的很多人在找工作，抑或是在生活中遭遇挫折时，便选择回家，成为一名“啃老族”。在纪录片里讲述道，在日本35～44岁年龄的人与父辈同住的子女数量已达308万人，其中失业、经济上依靠父辈的人数为62万人，与非正式雇用等收入不稳定的人数合计为113万人。如此庞大的数字，背后都是一位位迫于无奈而又坚强求生的团块世代。

日本团块世代的年龄多处在69～73岁。凭借年轻时的风光，他们本该安然度过晚年。但日本愈加严重的人口老龄化问题，加之一系列的经济社会问题，使他们不得不担负起赡养老人、抚育下一代的重任，成为一个家庭的顶梁柱。他们有的虽然有可观的收入，但为了家庭，却不得不节衣缩食，甚至面临着老后破产的窘境。

其实这种老无所养的困境并不单单存在于日本，任何一个进入老龄化社会的国家都将面临一系列的社会问题。种种现象表明，老龄化社会要想平稳渡过危机，并不是单靠某个部门的干预、某项政策的实施就能够解决的，它一定需要国家、政府、企业、个人的多方努力，并且一定需要经历一个漫长的过程。

## ● 退休影响甚大



团块世代出生在第二次世界大战之后，他们在青年时期创造出了20世纪70年代日本经济繁荣的奇迹，也因此他们有着吃苦耐劳的精神和对美好生活的无限渴望。根据日本60岁的法定退休年龄，团块世代的引退期是平成19年（2007年）到平成21年（2009年），[1] 在这期间，退休的工薪人员将超过200万人以上。而团块世代作为日本经济发展的中坚力量，他们的大规模退休给社会带来了重大影响，并引发了一系列社会问题。

首先是劳动力的锐减。团块世代就业时是日本伊弉诺景气[2]（1965年10月—1970年7月）期间，他们作为充裕的劳动力前

1 平成年份＝公元年份－1988。

2 伊弉诺景气，指的是日本经济史上自1965年到1970年期间连续五年的经济扩张。被认为是第二次世界大战之后日本经历的时间最长的经济扩张周期之一。

往东京、大阪等城市，成为日本企业在一线工作的正式职工。但到 20 世纪 70 年代，受“石油危机”的影响，企业不得已辞退了大批工人。因此，深入一线的工作人员大量减少，再加上团块世代到了退休的年纪，一下子使得日本的劳动力人口锐减。日本政府不由得担心，那么多的人离开一线工作岗位，会不会导致日本出现劳动力不足、技术工人短缺等现象。而日本将这些现象称为“2007 问题”。

为解决“2007 问题”，2006 年 4 月，日本颁布了《改正高龄者雇用安定法》，实施了高龄老人确保被雇佣等措施。为了让技术得以继承，抑制人才成本，日本多数企业采取了继续雇佣制度，再一次雇用了团块世代。因此，平成 18 年时 60 ～ 64 岁的劳动者的总人数为 83 万人，到平成 21 年时，人数已增长到 143 万人，且 65 岁以上的劳动者从 31 万人增加到 54 万人。[1]

其次是日本社会保障费用负担增加。团块世代在 20 世纪 70 年代推动着整个国家的发展，创造了世界经济界的奇迹。现在他们到了退休年龄，日本则要对他们的老年生活予以解决。2007 年起，团块世代的年金开始发放。根据厚生劳动省 2006 年 5 月公布的有关《社会保障的给付与负担增加的趋势》的数据，2006 年，日本的社会保障给付额占国民收入的比重为 23.9%，达 89.8 兆日元，预估到 2025 年，日本的社会保障给付额将占国

---

1　王玉. 关于日本团块世代退休影响的研究[J]. 吉林广播电视大学学报，2019(03)：125-126.

民收入比重的26.1%，达到141兆日元。其中，医疗给付所占国民收入比重从7.3%增加为8.8%，从27.5兆日元增加到48兆日元；护理给付所占国民收入比重从1.8%增加为3.1%，从6.6兆日元增加到17兆日元。[1]医疗及护理费用的大幅度增加，主要是因为到了2025年时，团块世代将进入高龄期，有相当一部分人需要进入养老院，同时需要介入护理。所以，日本的社会保障费用不断增加，从而使得政府的财政支付大大增加，为此，甚至有人说，为了保障团块世代的退休金和福利年金支付，以使他们安然度过晚年，厚生年金基金会将于2033年面临枯竭。[2]这无疑也加大了正值青年的这一代的负担，他们颇有抱怨。

在中国，退休后的老年人除非是被返聘，否则很少会重回工作岗位，他们有子女的赡养，开始颐养天年。而我努力工作赚钱的目的就是为了让自己的父母享清福，不再操劳。

在日本，有一个不同于中国的现象，那就是很多日本老人在退休之后会选择创业，据日本经济产业省下属的中小企业厅发布的调查数据显示，2012年日本新创业人群中，30%以上是60岁以上的老年人；而在30年前，这个数字只有8%。

老年人创业的原因有四：一是老年人手里的钱比年轻人更



1 田香兰．日本“团块世代”的退休影响分析[J]．社会工作下半月（论），2008（12）：47-49.

2 王玉．关于日本团块世代退休影响的研究[J]．吉林广播电视大学学报，2019（03）：125-126.

多，他们在退休时到手的退休金一般有 1000 万至 2000 万日元；二是老年人工作经验丰富，人脉广，创业比年轻人更顺利，成功率更大；三是日本人的平均寿命长。60 岁退休后老年人还可以好好生活 20 年，所以他们选择活到老干到老；四是为了增加收入，一般的老年人承担着上有老下有小的压力，为减轻家庭负担，他们不得不出来工作。日本 50 岁的员工薪水很难上涨，60 岁时收入开始大幅减少，因此为了赚到更多的钱，退休后进行创业的老年人数量开始大幅增加。[1]

迫于现实，团块世代退休之后仍工作在一线，艰难求生。受父辈职业精神的影响，团块世代的子女本应对工作充满热情，无奈在步入社会的关键期时，迎接他们的是经济持续低落，就业极其困难。迟迟找不到工作，让年轻人自信心受挫，变得消极，陷入迷茫。且他们目睹了父辈的经历，深感在经济萎靡期，即便付出努力也没有多少回报，故他们对父辈那种勤劳认真、忍辱负重的工作态度表示怀疑。与团块世代相比，其后代的生活更加安于现状、无欲无求，他们失去了前进的动力，不再口口声声地喊着追求理想，而是变得保守和现实，渴望过悠闲的日子，最好能够“不承担任何责任地快乐地生活”，而这也正好展现出日本青年的低欲望状态。

日本经济的不景气，致使雇佣环境变得更加恶劣，失业人

---

1 徐静波．遇见日本［M］．北京：华文出版社，2018.

员大幅增加，整个社会的失业率不断提高。从 20 世纪 90 年代后期开始，日本的非正式雇佣率不断上升，从 1996 年的 21.5% 增加到 2018 年的 38.2%。[1] 其中，遭到失业打击和非正式雇佣制打击最严重的是年轻人，很多企业为了降低人工成本，在大幅度裁员的同时，也减少应届毕业生的录用。很多应届毕业生在毕业时难求一份稳定工作，为维系生活而不得不选择合同工、钟点工、派遣工等非正式工。

于是，迟迟没有找到稳定工作的日本年轻人，大多数选择了做“啃老族”和“蛰居族”[2]。蛰居族则更为消极，他们不愿上学，不愿工作，甚至不愿与人接触，只是一味地宅在家中逃避现实社会。采访过 1000 多位“蛰居族”的日本记者池上正树，在自己的书中描述了一位曾面临海啸威胁的当事人的经历，当事人告诉他：“我面临海啸的死亡威胁，也不愿从母亲的房间出来。相比于遭受海啸的死亡吞噬，我更恐惧避难所的人际关系。”“啃老族”和“蛰居族”因消极避世，俨然已成为社会弱势群体。

随着“蛰居族”成为一个更加紧迫的社会问题，日本需要从多个角度加以解决。学校、企业和政府都需要制定具体措施，

1 师艳荣．中国“佛系青年”在步日本年轻人后尘？［J］．世界知识，2019（16）：70-71.

2 “蛰居族”指人处于狭小空间，不出家门、不上学、不上班，自我封闭地生活。日本内阁府对“蛰居族”的定义是几乎不走出自家和自己房间以及除满足爱好等以外不外出的状态持续 6 个月以上。

以防止社会对社交能力较差以及严格遵守等级制度的能力较差的个人有歧视。还需要制定政策，帮助蛰居族解决使他们难以走出家门的精神压力。但最重要的是，年轻人的教育和社会化需要更多地强调灌输一种个人抱负，而这有赖于年轻人之间更加频繁和富有成效的面对面交流。

# “独自成家”现象

中国人的追求简单而朴实，长辈总是希望小辈多生几个孩子，能享受子孙天伦之乐；而小辈总是希望长辈能健康常在，长命百岁，能多陪家里人走一段人生。总之，在中国，没有一个人不希望自己儿孙绕膝、多代同堂。这不仅是中国人对家庭亲情的解读，更是对中国传统文化的传承。 

在中国人心里，有了家，便有了努力拼搏的动力；有了家，便有了人生依靠；有了家，便有了自己奋斗的坚实后盾。在中国，“三世同堂”或“四世同堂”是再正常不过的现象了。

第二次世界大战以前，“三世同堂”甚至“四世同堂”在日本社会是极为常见的现象，几代人共同生活在一个大家庭中，虽然有时候也会出现矛盾，但家庭成员间的关系十分紧密，血缘亲情将大家庭中的成员牢牢地联结在一起。

第二次世界大战结束后，日本的工业化进程不断加快，以农业为基础而建立的稳定的家庭结构在工业化的冲击下出现了裂缝，加上受到西方发达国家家庭观念的影响，由父母和孩子共同构成的家庭成为日本的“标准家庭”，渐渐地，“三世同堂”（抑或“四世同堂”）的大家庭逐渐变成一个个小家庭。

20世纪90年代，随着日本泡沫经济的破灭，日本社会的方方面面都受到了冲击。具体到家庭上，则是单身人口迅猛增长，“独自成家”逐渐成为一种大趋势。在长期通货紧缩的环境下，企业经营状况不佳，工薪族薪水降低、职位得不到提升，甚至存在失业风险。收入不增反降，经济的压力使男性不再愿意承担养家重担，选择单身的人越来越多。与此同时，女性渐渐摆脱了家庭主妇的身份走向社会，经济的独立使女性单身人口也迅速增加。到2010年时，一人一户的家庭数量已经超过了“标准家庭”的数量。



## ● 不爱结婚的年轻人

日本有过两次生育高峰，分别是1947—1949年和1970—1975年。在此之后，日本就再也没有形成新的生育高峰，全国人口正在逐年递减。2017年12月22日，日本厚生劳动省公布了日本人口动态统计数据，该数据显示，2017年日本新出生人口数是有统计数据以来的最低值，仅为94.1万人。而在这一年结婚的情侣也创下了第二次世界大战之后的新低，仅为60.7万对。

不相信投资神话，不相信职场奋斗，发展到最后，人们开始不相信婚姻和家庭。在人口老龄化和少子化的社会状况下，日本青年出现了与中国青年完全不同的婚姻观念。在中国，无论如何，结婚都是一个人的必经阶段。虽然在当下很多的中国青年没有结婚，但这并不是因为他们不愿意结婚，而更多的是把精力放在了自我价值的实现上。至于结婚，是迟早的事。而在日本，“不婚族”却是越来越多，已严重影响了日本的经济发展。2016 年 4 月，日本厚生劳动省下属国立社会保障与人口问题研究发布了一份报告显示：2015 年，在日本 50 岁仍未结婚的人口比例中，在男性中约为 23.4%，在女性中约为 14.1%，打破了未结婚人口比例的最高纪录。这也表明，日本男性平均每 4 人中就有 1 人终身未婚，日本女性平均每 7 人中就有 1 人终生未婚。

为什么日本年轻人不愿意结婚？从影响层面来说，其原因一部分来自父母。20 世纪 90 年代中期以来，日本婚姻状况经历着第二次世界大战之后的最大震动，前所未有的离婚热在日本社会发酵着。从 1999 年开始，日本的离婚率增至 2 ‰以上，2002 年达到 1899 年以来离婚最高峰。与此相对，日本社会的结婚率也在呈逐年下降的趋势。[1]

父母的离婚带来的单亲家庭问题、儿童教育问题，日渐成为日本亟待解决的社会问题。以单亲母子家庭问题为例，日本

1 张冬冬 . 当今日本社会离婚现象透视［J］. 日本问题研究，2010，24（04）: 58-64.

当前社会的单亲母子家庭数量较多，而这样的家庭大多数是由离婚造成的。而这样的单亲家庭，由于缺乏固定的收入，直接导致了家庭贫困，也就直接降低了一个家庭的生活质量，从而影响着儿童所接受教育的质量。

另外，单亲家庭的孩子很多不能得到好的家庭教育。如单亲母子家庭，离婚后，母亲为了家庭生活，不得不去接受各种各样就业培训，以找到一份较为稳定的工作，在工作之后，更是忙碌于工作，从而忽视了与孩子的沟通。孩子本因父母离婚而心灵受到伤害，接着又没有得到母亲很好的关爱，致使很多单亲母子家庭的孩子思想出现了问题。同样地，父子单亲家庭也是如此。因为父母的离婚，孩子只能在单亲家庭成长，这就导致孩子的教育水平、人格发展等受到一定程度的不良影响，致使孩子无法得到健康健全的发展。或许是经历了父母婚姻失败带来的不好影响，日本年轻人对婚姻失去了应该有的信心与期待。

日本的年轻人越来越多地选择不结婚，其理由也是各不相同，但是在性别上看来还是有一些共同点的。从日本的传统和现实来说，大多数女性在结婚之后，会选择做全职主妇，也就意味着挣钱养家的责任全部落到了男性身上。对男性来说，婚后的工作压力急剧增大，养家、养小孩等各方面都要开支，一旦收入不稳定，一家人生存都成问题。而在女性层面，从结婚的那一天起，日本女性的生活中心就开始向家庭转移了，很多女性选择不结婚，正是因为她们婚后的生活重心向着家庭转移，在男性没有能力支撑起整个家庭时情愿选择不结婚。正如日本中部中京大学的社会学教授松田茂（Shigeki Matsuda）所说：“日本女性倾向于寻找就业和教育水平高于自己的男性。”更有专家称：“除非更多的日本女性接受嫁给一个收入比自己低的男人的想法，否则未婚男女的高比例不会改变。”对于日本女性来说，相比将命运掌握在别人的手中，不如自己成为“单身贵族”，乐得自在。

其实造成日本年轻人不婚的原因，归根结底是 20 世纪的经济泡沫产生的后遗症，日本巨大的经济市场压力令年轻人焦虑。第二次世界大战后的几十年里，日本主要通过大公司为员工提供终身制工作来恢复经济，但这种模式正在迅速改变。也就是说，日本公司的员工，其工作不再是“铁饭碗”。据劳动部统计，自 20 世纪 90 年代初以来，日本临时工的比例从 15% 左右上升到 40% 左右。工作的不稳定性带来的经济上的巨大压力，致使日本年轻人“谈婚色变”。

据日本国立社会保障和人口问题研究所推算数据显示，到 2040 年，独居家庭将占日本总家庭数的 40% 左右。同时，日本有关调查研究表明，日本年轻人未婚率不断上升的主要原因是在经济上感到不安、男女之间邂逅的机会很少以及个人对爱情的向往度下降。特别是很多日本年轻人表示，他们很享受单身生活，于主观感情上没有想谈恋爱、结婚的意愿，不婚或晚婚已经成为年轻人对恋爱与家庭的态度。

如今日本年轻女性的家庭观念已发生了根本性的变化，“男主外，女主内”的传统观念已显过时，比起当一个全职家庭主妇，现在的日本女性更倾向于追求单身与独立。日本女性这一观念的变化，意味着她们的独立意识正在觉醒，“家庭的奴隶”、生育的机器人这些角色已被越来越多的日本女性所厌弃，家庭责任已不再是她们的人生追求，她们认为追求独立、单身比拥有家庭的人生更自由和时髦。

随着女性受教育程度的普遍提高，大多数女性选择职场工作，随着经济的独立和眼界的开阔，其自主意识普遍增强，职场上的成就感让女性有了不一样的人生追求，她们认识到，不一定非要通过生育孩子来体现自己的价值。于是，她们不再甘于做一个传统的家庭主妇，渴望摆脱传统家庭观念的束缚，希望婚后自己能继续工作，丈夫也能分担家务。[1]

日本还出现了一种新概念结婚观——自婚。“结婚压力”是人类在世普遍都拥有的烦恼。因为我们从家庭中出生、长大，从小就被灌输了一种思想：每个人都要结婚，结婚才是人类正确的生活方式。然而结婚也不能“将就”，与一个没有血缘关系的人相处几十年，需要的不仅仅是爱，更需要莫大的耐力、勇气和运气。很多人并没有那么好的运气可以找到可以相伴一生的好伴侣，即使结婚，也有可能离婚，甚至对方先死；即使有孩子，他们也不能陪伴我们一生。



1 李宗玲．新形势下中日年轻人生育意愿及原因分析［J］．长江丛刊·理论研究，2017（02）：166-167.

“自婚”更像青年一代对这种压力的一种声势浩大的反抗。

日本年轻人不愿意结婚，也就不愿意买房，这恰恰也正是社会“低欲望”的表现之一。尤其是在泡沫经济崩溃时期成长起来的年轻人，他们不再崇尚奢侈消费，但又走向了对立的现实主义。他们会计算双方恋爱结婚所要付出的代价，也会在生活中处处计算风险。比如说，一般日本年轻人的父辈在结婚时会先租房住，等有了小孩再通过按揭买房，当差不多退休时还清贷款，让房子真正属于自己。而现在的“80 后”“90 后”的日本年轻人却不愿意走父辈所走过的路，觉得父辈那样的人生太辛苦了。同时，日本年轻人经历了父辈高价买房，此后房价不涨反跌的事情，这使他们觉得房子是没有投资价值的，也就没必要买。另外，现在的日本年轻人更喜欢繁华的都市生活，不愿意去城郊买房。他们认为，在繁华的都市中，哪怕是租个很小的房子，但能享受繁华的都市生活，这已经是很满足的了。也因此，越来越多的日本年轻人选择租房生活，“买房安家”的传统观念渐渐被年轻人所抛弃、遗忘。

## ● 孤独成病

日本社会素来以安静、讲秩序闻名，日本人也是出名的不愿意麻烦别人，很讲究界限感。这对于独居老人而言，就意味着更多的“默默忍受”。我记得在福岛县参加社会公益活动时，有一位 80 岁的老奶奶问我，中国的老年人也像日本的老人一样忍耐孤独和病痛吗？听到老人的提问，我仿佛能感受到她内心对孤独的恐惧。这位日本奶奶会在家门口的报箱里留一把钥匙，还给邮递员留字条，希望邮递员发现头天报纸没有取走时能上老奶奶家里去看看，从这些例子我们可以看出，在养老方面，中国和日本的问题是一致的，与子女分居的孤独是老人最大的无可奈何的现实。

人类是一种群居动物，任何人都离不开社会群体，否则就会被孤独感所笼罩。可是在日本，每年有超过 3 万名老人孤独地死在居所，死后几天甚至几周都没有人知道，直到尸体腐烂发臭才被人发现。在孤独死的人群中，他们的年龄多在 65 岁以上。孤独死成了日本特有的社会现象，让听到的人感到无比的心酸、可怕和悲凉。2010 年 1 月，日本 NHK 特别台播放了一个名叫《无缘社会——“无缘死”三万两千人的冲击》的视频，在视频中，有一位老人说他很担心，他怕自己死在屋里也没有人知道，即使是他已经化成了一堆白骨。这段叫人听之落泪的话，引发了很多日本老年人的共鸣，也勾起了人们心灵深处对“孤独”的思考。

而今，在日本，孤独已像流行性感冒一样流行，很多的中老年人担心自己会“孤独死”，而年轻人则靠“朋友租赁”，假装自己不孤单。日本甚至走红了一种新型的工作：朋友租赁。那这种新型的工作是干什么的呢？简单来说，就是陪伴陌生人，和他们一起吃饭、逛街、庆生，甚至参加宴会，更有甚者，还会参加陌生人的葬礼，以示哀悼。

“朋友租赁”这一工作看似荒诞，但它道尽了说不清的心酸，日本年轻人日渐孤独已有着越来越严重的趋势。而 2014 年日本内阁府发布的《2013 年日本和其他国家的年轻人意识调查》更是显示出，日本有 54.9% 的年轻人常常感到孤独。同时，日本年轻人这一群体是所有参与调查的年轻人中，常感到郁闷孤独的比例最高的。

出现上述的调查结果，是为什么呢？据有关人士分析，日本年轻人的孤独感日渐严重与日本“力求与他人保持一致”的国民性有关。日本年轻人的性格大多敏感而细致，他们因为害怕被孤立，而在人际交往中变得小心翼翼。实际上，这反而不利于年轻人的交友。就这样，日本年轻人害怕被孤立，没有朋友，“朋友租赁”的工作就应运而生。一些内心真实孤独的日本年轻人，通过“朋友租赁”，假装自己身边朋友环绕，以此掩饰自己心中的孤寂。

在日本，独居的人越来越多。超过 1/3 的日本家庭是单亲家庭——以现代标准来看不算高，但日本在经合组织（OECD）的 36 个发达国家中排名第七（前六名的国家是丹麦、德国、挪威、荷兰、奥地利和法国）。在现实中，我们很多人认为，一个人是可以活得很好的，可以演绎着一个人的精彩。但日本人一般不这样认为，《日本经济周刊》引用了经合组织的其他数据，表明日本可能是地球上最孤独的国家。数据显示，约 15.8% 的日本人表示，他们在家庭之外没有任何社交活动——这一比例在经合组织成员国中比例最高。墨西哥紧随其后，为 14%；而后是捷克共和国，为10%。丹麦则是单身住户数量最多的国家，排在第17位（3%）。在单人入住方面排名第二的德国排在第16位（也大约为3%）。

日本很多人是可以“终生单身”的，他们可以离婚然后保持单身——1/3的日本婚姻就是这样结束的。老年人特别容易感到孤独，但不是唯一的。日本东洋经济产业省援引的一项研究显示，17%的独居老人在两周内与其他人的交谈不到一次。同样地，日本保持独居的年轻人和中年人也占到了8.7%。很多人都在应对沉默孤独。

在日本的孤独年轻人中，有一些人则选择独自地躲在家里，成为“蛰居族”。“蛰居族”是指除了偶尔外出购物外，其他时间均不走出家门，也不和除了家里人之外的其他人进行交流，并保持这种状态至少6个月的人。2016年，日本内阁府推算出在日本“蛰居族”的人数超过了54万人，在这些人中有约60%是15～29岁的年轻人。

随着时间的推移，“蛰居族”人数在日本逐渐呈上升趋势。据日本蛰居族问题专家、精神病学家斋藤环于2019年7月所言，日本蛰居族可能大约有200万人，比日本政府官方估计的“蛰居族”人数115万人还要多很多。同时，斋藤环还进一步表示，随着“蛰居族”问题的日趋严重，放弃面对面社交的日本人将不断增加，其总数可能超过1000万人。

日本大多数“蛰居族”来自中产阶级家庭，其父母有供养他们的经济实力。在网络时代，有些“蛰居族”甚至通过软件编程等活动在网上谋生，享有一定程度的经济安逸。

但是，在没有任何面对面社交的情况下，一个人可以开展的经济生产活动只有这么多。对于那些雄心勃勃地希望工作更赚钱的人来说，即便是在互联网时代，老式的面对面交谈和建立关系网仍然是至关重要的。“蛰居族”失去了这样的职业晋升机会。

也因此，新一代日本年轻人变得越来越无职业抱负，对职业升迁没有任何渴望。一项对世界各地的 18 岁年轻人进行的国际调查发现，日本受调查者对他们个人和国家的前途的看法是最悲观的。接受调查的大多数日本年轻人还表示，他们没有任何想与身边的人谈论重要社会问题的渴望，也没有任何想要通过成为负责任的成年人来让社会变得更美好的渴望。换言之，与其他国家的年轻人相比，日本年轻人在成长过程中避免与他人交往，同时安于现状的概率要高得多。不想社交、不想多赚钱以及不渴望被视为成年人这几点加起来，为来自中产阶级家庭的年轻人创造了在日本工作环境的压力来袭时自行与社会隔绝的完美条件，这将进一步壮大未来“蛰居族”的队伍。

虽然人是群居动物，但日本人更喜欢自己独处，拥有私人的空间。蒋方舟在《东京一年》里写道：自己最开始并不习惯一个人吃饭，但她去吃炸猪排饭的时候看到其他人也全是一个人吃饭，每个人之间隔了一个位置，互不打扰，吃得又快又用功，一下就被这个场景治愈了。东京是一个没有人打扰，也不必打扰别人，就能够活得很好的城市。

在日本，独居渐渐成为许多人的选择，分享惬意的独居生活状态变得越来越流行。对于很多人来说，“一人居”不是孤独，而是种自己选择的生活方式。其实比起很多人惧怕的孤独，那些宅在家里的日本人，反而活得一身轻，他们宅在家里，也可以做着自己喜欢的事情。日本一些出名的作家、收纳家以及美食烹饪家，都是没有被琐碎的生活日常禁锢，所以能匀出一些时间给自己一些自由，去发挥特长。宅在家里，也是一种能力的提升。

# 无法返回的故乡

对于大城市，大家为了站稳脚跟都拼命往里钻，每日奔波劳累，就是想拥有留在大城市的底气，虽然不如在老家安稳，但是总有一个梦想，会让我们愿意为它付出一生。 

东京，对日本年轻人来说是心之向往，也是他们愿意奋斗一生的地方。它以自身的高速发展和明亮繁华，吸引无数年轻人为了它背井离乡，往中心聚集，渴望在东京有自己的容身之地。

明治维新时期，明治天皇迁都东京，开始学习西方现代化的政治、经济和社会制度，此后，日本产业革命兴起，人口开始向城市集聚，日本城市化进程得以起步。

20 世纪 30 年代，日本政府为了促进国内经济发展，加大力度扶持新兴产业，受政策的驱使，日本城市人口持续增加，城市化进程持续推进。直到第二次世界大战的发生，日本的城市化进程受到了阻碍，众多城市居民为了自身的安全，避免受到战争的伤害，从城市搬离，回到农村。

第二次世界大战结束之后，面对战后的满目疮痍，日本开始全力发展经济，最终促使日本经济高速发展，创造了世界经济奇迹。其中，日本的城市化进程不断加快，至在 20 世纪 70 年代，日本已成为城市化高度发达的国家，形成了东京、大阪、名古屋等大都市圈，全国各地的人口都向这些城市都市圈聚集。

## ● 东京集聚化

日本是一个岛国，其地形以山地丘陵为主，平原较为稀缺，因此适宜人们居住的地方较为稀少。受此自然条件限制，日本人口多分布在岛屿周围地形相对平坦的区域，这造成了日本人口分布极为密集、生活空间十分有限的局面。东京，作为日本的经济、政治、文化中心，正处于日本面积最大的平原地区——关东平原上，这儿不仅是日本著名的港口和铁路枢纽、科技旅游城市，而且是日本人口最集中的区域，集中了全国 40% 的人口，成为全球人口最多的城市。

日本总务省 2018 年 1 月 29 日发布基于住民基本台账（各地在住居民基本信息登记卡）的 2017 年人口移动报告（不包含外国人）显示，日本人口向东京圈——东京都、神奈川县、埼玉县、千叶县——聚集的趋势进一步加强了。

乡下地区的人不断向大都市涌入已成为日本政府目前无法制止的问题。除自然因素以外，求学、求职也成为他们涌入东京的强烈动机。

根据内阁官房城镇·人·工作创生总部事务局的《关于东京集中化的现状（平成29年10月6日）》显示，迁入东京的主力军是15～24岁的年轻族群。据此年龄阶段可以推测出大部分人迁入东京是为了求学或就职。

实际上，日本各个地区都有较为顶尖的高校分布，例如，入选为日本“超级国际化大学计划（Top Global University Project）”A类顶尖校、全球30计划的东北大学、世界级著名研究型国立综合大学——大阪大学、著名的研究型国立综合大学——九州大学……全国将国立、公立、私立合计共有780所大学，而东京的高校就占有130所，其余的高校都分别分布在46个都道府县。由此可见，东京集中了全国大部分高校。截至2018年初，日本有大学生287万人，其中约有40%就读于东京圈；东京中心城区23个区的高校，录取了全国18%的大学生，这些高校是地方生源主要的就读院校。

与此同时，被称为日本经济心脏的东京，集聚了日本的顶尖企业，其中资本在50亿日元以上的公司，有90%集中在东京。另外，日本各大银行或总行或主要分行也都设在东京，如闻名于世界的日本银行和活跃于世界股票市场的东京股票交易所就在东京的千代田区和中央区。东京发达的经济创造了大量的就业机会，也就吸引了大量的日本年轻人聚集在此。这儿不论是生活节奏还是经济发展水平，都比其他城市更符合当代年轻人对城市的需求，所以才让越来越多的年轻人如同浪潮一般从全国各地区涌向东京，就是为了找到更好的工作，创造更好的生活条件。

在东京集聚化过程中扮演了重要角色的是日本特殊的雇佣制度——终身雇佣制。在“终身雇佣制”下，很多日本企业在招聘时直接从大学毕业生里挑选优秀者，而不需要考虑应聘者是否有丰富的工作经验，因为在应聘者进入企业后，就要开始接受企业的培训，并从最基础的工作开始干起。也因此，每一位毕业生的学历成为是否能被公司录取的判断标准，这也成了其他地区的学生前往东京名牌大学学习的动力。

一旦员工被公司录用，在员工没有严重违反公司制度、给公司造成不可挽回损失的情况下，公司不能擅自辞退员工，除非员工主动辞职。除此之外，企业还有丰厚的福利待遇，如制定了社宅制度、廉价贩卖制度、相互扶助共济制度、奖金制度、津贴制度等，以便为长期雇佣的员工创造好的生活环境、教育环境，以留住人才。这一份待遇丰厚的“铁饭碗”为志在东京的年轻人提供了良好的保障，促使越来越多的人选择在采用终身雇佣制企业较多的东京就业。以就业人数来看，2010—2016年，日本全国新增就业人员183万人，其中东京圈就占了72%，有132万人。

东京丰富多彩的商业文化也成了吸引众多外地青年来此发展的一大武器。东京是一座集繁华、时尚、现代为一体的城市，商业作为这座城市经济与活力的载体，为人们的生活增添无限的精彩。这儿有作为世界三大繁华中心之一的银座（另两处世界繁华中心是巴黎的香榭丽舍大街和纽约的第五大道），有“不眠之夜”和“年轻人之街”等之称的涩谷，还有密集的文化气息浓厚的日本文化教育中心和文化机构。与此同时，作为国际化大都市的东京，还经常举办各种文化交流活动，由此而形成了著名的东京音乐节、东京国际电影节、东京国际动漫节以及有名的东京国际汽车展等。此外，商场、餐饮、酒店、动漫影城、书屋等商业布局完善齐备，相应的商业设施应有尽有，这也成了东京的一大特色。

东京有三个主要的繁华区，它们分别是银座、新宿、涩谷。除此之外，在日本年轻人心中，下北泽也是他们最爱的街区。被称为“亚文化的天堂”的下北泽位于东京世田谷区，自 20 世纪 30 年代下北泽车站开通、战后黑市及剧场进驻，以及各种音乐节的开办以来，下北泽逐渐成为许多新锐艺术家、文学家、乐团的据点，是东京著名的文青圣地。

在下北泽，新潮与复古、流行文化与小众猎奇，一切都结合得恰到好处，充满独树一帜的魅力。在这里，你有机会去探寻新潮而又有个性的商店；也可以去咖啡厅坐坐，看街边闲适地散步逛街的芸芸众生；还可以去寻觅老字号的日式酒馆，尝一尝最正宗的清酒。当然，年轻人则可以到各种小剧院、小剧场等去体验下北泽作为“戏剧之城”“音乐之城”的味道。下北泽真正是个很有趣的地方，这里充满了梦想和自由，包容着各种风格。

在长久的年月中留存于这块土地上的各种文化，都有着可以不被时间代谢掉的美好价值。[1]

“东京书店的商品非常丰富，是乡下地区无法相比的。”

“东京云集着各种美术馆、动漫影院，文艺与新潮在这里完美融合。”

“东京有多家时尚品牌店家。”

日本当代青年人对于东京的商业娱乐文化喜闻乐见，东京是一座极具包容性的城市，他们可以在这一座各种文化交织的城市里接触新鲜的事物，在多种文化中尽情寻求自己的喜好，这也成了年轻人在长期“高压”工作中的一种释放方式。



日本编辑人都筑响一从 1991 年开始自己端起照相机拍摄普通人的家居，最后把照片结集成书，取名叫《东京风格》。一直到 1993 年，都筑响一共拍摄了一百多个年轻人的房间，这些房间的主人大多是在东京打拼的年轻人，他们租住在狭小的出租房里，却把房间收拾得恰合自己的心意，由此而内心充斥着另一番自由自在的滋味。

《东京风格》一书里的照片并不是建筑师或室内设计师心目中的理想范本，不同于以往的家居杂志中展现的一尘不染、整洁有序，房间里洒满阳光，在适当的地方装饰着绿植，还点缀着一两样反映屋主兴趣爱好的用品的“理想家居”，而是那些生活在东京，手上没什么钱却想做点自己喜欢的事情的普通年

1 日本通 . 日本年轻人最爱的街区，这里一定要有姓名！［EB/OL］.［2020-07-22］. https：//www.517japan.com/viewnews-112867.html.

轻人的家居生活。这些小小的被精心装饰的房间也是在东京奋斗的年轻人辛苦工作后得以休息的避风港，打理自己的“小窝”更是年轻人们用来放松自己的方式。

《东京风格》是从 1991 年开始动工的，当时正是日本经济顶峰时期，繁华的花花世界东京吸引着全国各地的年轻人。

1988 年，日本歌手长渕刚的名曲《蜻蜓》就描写了小城青年对东京的渴望，以及在东京艰苦生存的心路历程，风靡一时。

1991 年，日剧《东京爱情故事》描写了一对背景差异巨大的情侣，女主角是归国子女，男主角则来自乡下。这两个人原本属于不同的世界，而正是因为东京的包容力，才让他们有了交集。

1991 年的中国几乎没有“外出打工”这回事，所以当时我们的观众只注意到了爱情故事，并没有意识到剧中反映的背景冲突。如今，电视剧中的生活也成为中国的现实。[1]

## 越来越多的“鬼城”

与中国类似，日本一些城市在遭遇逐渐沦为“鬼城”的困境。日本有 47 个一级行政区，分别为 1 都（东京都）、1 道（北海道）、2 府（京都府、大阪府）、43 县。世界银行数据显示，

1 日本通．专访丨都筑响一：一种名叫“东京”的生活方式[EB/OL].[2020-05-09]. https：//www.517japan.com/viewnews-112528.html.

2018年日本的GDP总量在全球居于第3位，有4.97万亿美元。其中，东京GDP占日本GDP总量的1/5。余下4/5的GDP总量分散在其余46个一级行政区内。由此可见，东京成为日本创造GDP的先锋。东京之所以能够创造出日本的GDP神话，少不了众多人才集聚东京做出的贡献。我们可以毫不夸张地说，东京支撑整个日本经济总量的将近一半。

一方欢喜一方愁，东京一级集中化程度越来越高，在日本造成了东京独大的社会现象，这座城市就像站在食物链最顶端的物种，俯视着日本其他地区，不断掠夺日本各地的资源，致使日本的其他中小城市渐渐走向衰亡，让日本城市间形成了严重的两极分化，一端繁华异常，一端凋敝凄凉。正如东京经济学大学教授、云河都市研究院院长周牧之所言：人才都跑到首都去了，地方该怎么办呢？

可见，日本中小城市的人才流失非常之大，有才之人都向着京东等大城市集聚。由于日本人口老龄化、少子化问题严重突出，地方城镇人口长期不足，经济持续低迷，易于陷入人才流失、投资减少的恶性循环。为了谋取生路，城镇青年都已纷纷搬往大都市寻求工作与生活。

目前，日本一些农村地区已很少看见年轻人居住的身影，上了年纪的老年人占当地居民总数的大多数，乡村空房子的数量就像病毒一样，不断地蔓延，越来越多。这与东京集聚化形成了鲜明对比，东京的人口正在因为外地人口的不断迁入而迅速膨胀，造成了人口密集、用房紧张、公共设施压力大等现状。

而日本乡村“鬼城”的现象，可能将会困扰未来日本数十年。

为此，记者兼摄影师的弗里茨·舒曼拍摄了一部纪录电影——《娃娃谷》，用于记录乡村“人去房空”的现象，反映出日本乡村人口大量流失的事实。这部纪录片主要叙述了日本艺术家绫野月见回到故乡纳戈罗，发现故乡已物是人非。纳戈罗位于日本四国岛的深山中，是一个较为偏远的村庄，曾经的村庄热热闹闹，家家户户都有烟火，不仅有数百名居民居住在此，而且有大坝，有大公司拉动村落的经济增长。而今，时过境迁，纳戈罗变成了人迹罕至的地方，曾经的繁荣景象早已湮没在了时间的尘埃里，过去的热闹是一去不复返了。原本富有劳动力的年轻人也满怀抱负，早已纷纷搬离村落，前往同东京一般的大城市寻求体面的工作和高质量的生活，而留下来的人也大多是一些行动不便的老年人。总有一天，老年人将会逝去，这座村落会逐渐被人们遗弃，沦为“鬼村”。

于是，绫野月见决定通过自己的努力让这座荒落的村庄稍显一丝生机，她总共花了 10 年时间，缝制了大约 350 件与真人比例一样的手工娃娃，摆在了村落曾经有人出没的地方：长椅上、街道中、房屋外……这些手工娃娃还在乡村的田野里工作，在废弃的学校里上课，在无人的操场上闲逛，在碧绿的大树下乘凉……遍布了村落的各个角落，每一个娃娃就代表曾经村落的一个住户，如此一番景象，村落也不会显得太过凄凉，甚至充满了“人情”味。

尽管这只是日本的一个小村落，但照如此情形发展下去，日本不难出现第二、第三个，甚至更多的“娃娃谷”。这也给日本其他城市敲响了一记警钟。

日本中央政府为了防止地区发展两极分化的问题，多次向日本民众承诺，努力纠偏东京单极化趋势，减轻中小城市的人才流出，并为地方发展尽可能地创造良好的环境，以促进各个地区（抑或是大中小城市）协调均衡发展。日本中央政府早在2015—2019年度的第一期综合战略就已制定要在2020年实现东京圈与地方的迁出与迁入达到均衡的目标，帮助日本乡村地带实现复兴。但2018年，东京圈地迁入人数超过了13.6万人，[1] 第一期战略宣告失败，政府只好放弃第一期目标，开展新政策为第二期目标的实现做准备。2019年，日本政府在首相官邸召开了“城市、居民、就业振兴”会议，提出了新的综合战略方案，决定了在2020年开始的5年内地方发展的基本方向。此次会议还提出将在2024年解决东京圈内人口过度密集和过度迁入问题等目标。同时，日本各地方政府也制定出各种留住人才的措施，同东京圈进行“抢人大战”。中央政府与地方政府联手推出了一系列“地方创生”的政策，试图增强地方吸引力，让年轻人移居回流，拉动地方经济增长。

例如，人口负增长已成为日本发展的趋势，日本出现了大量的空屋，为了解决大量资源的浪费，激励乡村人口的增加，

---

1　日本通．日本政府提出5年内解决东京人口过度迁入问题方针［EB/OL］．［2019-12-20］.http：//517japan.com/viewnews-111337.html.

政府采取了空房计划，一些地区采取了超级福利——免费送房子。还有一些小镇给予初创公司相关的优惠政策和补贴，希望这些公司来此发展，鼓励企业下乡，并支持本地有经营意识的居民提供各种服务，完善当地的服务设施与设备，以给本地经济带来活力，促进本地发展。

神山町就是成功的例子，它原先同纳戈罗一样，只是一个偏僻的村落，但由于响应企业下乡的政策，如今已经成功引进了数十家企业，创造了奇迹。为了防止大量年轻人借助求学名义移居东京，造成人才流失的现象，2018 年 5 月，日本参议院通过了“10 年内禁止东京都 23 区的大学增加招生名额”的法律，同时，这一项法律将为地方大学提供补助金，鼓励他们吸引年轻人就读。除此之外，为了缓解东京人口密集的现象，2019 年，日本政府开始实行一项新的补贴制度，只要居民搬出东京，政府就给予一定的金钱补贴（300 万日元，约合人民币 18.5 万元），并给予居民搬家和住房费用……

日本政府为了解决区域协调发展问题，可谓无所不用其极，虽然在一定程度上也有积极作用，但就人的本性而言，人往高处走似乎已成为人生常态。目前看来，日本当代的青年们涌向大城市的局面并没有得到根本性的扭转，人们还是追随自由，追随自己的内心，在偌大的城市中，寻找自己的安身之处。

# 向青年人群逼近的“无缘社会”



自由，即人类可以完全由自己支配，不受任何的约束和阻碍。随着社会经济的发展，受社会文化的影响，活出真实的自我逐渐成为当今日本年轻人秉承的一种观念，越来越多的人开始追寻个体的自由，他们不在乎世俗眼光，自己主宰自己的人生。

正如一个硬币有两面，日本年轻人追寻自由带来了两方面的影响。从一方面来看，追寻自由让日本年轻人的自身个性得以发展，获得了更加多样化的生活。但从另一方面来看，尽管各自的出发点并不坏，但长久的追寻自我似乎也会对社会造成一些较负面的影响。

在日本，越来越多的年轻人不愿意结婚，或者晚婚不生育，导致社会“单身化”“人口老龄化”“少子化”问题日益突出；随着现代化生活节奏的加快，电子化与信息化的沟通方式让一部分年轻人不喜欢与别人打交道，他们认为一部手机可以带给他们生活的全部，未曾谋面的网友会比现实生活中认识的人更可靠，导致他们日渐脱离社会群体；越来越多的老人不愿意打扰已成家的儿女们的生活，不与儿女共处一个屋檐，“独居老人”的现象日渐普遍……

人非常的渺小，没有人一开始会意料到这些看似无关紧要的生活选择最终会导致他们走向“无缘社会”，即与社会逐渐失去联系……

## ● 何为“无缘社会”



日本神奈川于 2017 年发生了一件骇人听闻的连环杀人案件。犯罪嫌疑人以平均每周杀害 1 人的速度持续杀害 9 人，作案的时间分别是 8 月杀害了 1 人、9 月杀害了 4 人、10 月杀害了 4 人。令人震惊的是，警方只接到其中 1 名死者家属的报案，经过警方调查发现，这名死者的尸体被藏匿于神奈川的一所住宅中。警方在搜寻这名死者遗体的过程中，却得到了意料之外的“收获”，在犯罪嫌疑人的住所内，除了家属报案的这名死者的遗体，还在冷藏箱中发现了另外 8 具已被肢解的尸体。从第一起案件发生时间算起，已经过去了几个月的时间，这些尸体早已腐败，面目全非，警方只能够采取 DNA 鉴定等方式尽快确定其他死者的身份。令人疑惑的是，为何警方没有接到其他死者家属的报警呢？

这不禁让人想起了日本放送协会（NHK）于 2010 年播放的，名为《无缘社会——“无缘死”三万两千人的冲击》的纪录片。

该纪录片的主题是“现代人的孤独老死”。当年，这部纪录片一经播放，便引起了日本全社会的广泛关注，一时之间，“无缘社会”被送上了舆论高点，“现代人的孤独老死”成了人们讨论不休的话题。NHK在日本1776家地方性公共团体中做了相关调查，耗时两个多月的时间，调查后统计发现，有3.2万具尸体是“不明身份的遗体”及“家属不愿认领的遗体”。

在这些死者中，他们有的是自杀身亡，但更多的是年老之后，身体虚弱，病魔缠身，无法照顾好自己的人。日本警方为了让死者家属前来认领遗体，便将死者的外貌特征和死者所拥有的物品刊登在报刊上，尽管其中有死者在外地有亲戚，但亲戚们说长久未与死者有来往，不愿前来认领尸体，以致死者的遗体无处安葬，当地的行政部门只好将死者的遗体统一火化掉。如果五年之后还没有人来认领死者的骨灰，相关的工作人员才将骨灰合葬至“无缘墓地”里。“家属不愿认领的遗体”数量与10年前相比已经增加了一倍，相关行政部门每日因为处理这些遗体而奔波。

这些惊人的遗体数字和日本一年自杀人数不相上下，因此，这样的死法被称为“无缘死”，这赤裸裸地揭示了日本社会一项残酷的事实：每年日本“身份不明的自杀者”“路毙”“饿死”“冻死”之类的“无缘死”人数已达到3.2万人！所以，日本自嘲为“无缘社会”不是没有道理的，而“无缘死”更是把“无缘社会”体现得淋漓尽致！

何谓“无缘社会”？“无缘社会”主要体现在三个方面，

一是没有朋友，即“无社缘”；二是和家庭的关系很是疏远，甚至崩坏，即“无血缘”；三是和家乡的关系被隔断，不再与之有联系，即“无地缘”。除此之外，“无缘社会”还有更深层次的含义，即人与人之间的交流越发稀少，相互之间的关系变得越发的冷漠与疏远，平平凡凡度过一生的人们，无法感受到最为常见的天伦之乐，最终都孤独地死去。

而今，日本社会最为严重突出的问题是人口老龄化、少子化和单身化。2018年日本政府公布了2018版《老龄社会白皮书》，对人口老龄化状况作了如下分析：人口老龄化率从7%上升到14%，法国所需的时间为115年，瑞典所需的时间为85年，美国所需的时间为72年，英国所需的时间为46年，德国所需的时间为40年，而日本却只用了24年。所以，日本人口老龄化高居世界之首，其上升速度是发达国家老龄化上升速度的2～5倍。[1]老年人成了“无缘社会”的主要群体。

一位80多岁的日本单身老人曾经常外出与朋友喝酒聚餐，但随着年龄的增长，他渐渐与外界断绝了联系，取而代之的是自己一人独来独往，他去澡堂的时候会羡慕一家三口热热闹闹的家庭，当被问道为何没有同之前的朋友来往时，老人却说：“大概他们都已经去世了吧。”唯一留下他与朋友的回忆便是贴在房间墙上的合照，余生他只能与自己相伴，当需要温暖的时

1 丁英顺．日本老龄化的最新状况、社会影响与相关社会政策——2018年版《老龄社会白皮书》解读［J］．日本研究，2019（01）：27-37.

候，便用自己的左手捂住自己的右手。

一位 50 多岁的日本男性说："我就像生活在一座无人的孤岛上，心里的孤独感随着年龄的增长而增长，我想就算是我死了，都不会有人知道吧。"

一位白发苍苍的老人独自吃饭，为了不显得过于孤独，她会装作餐桌上有其他的人，虔诚地说："我开动了。"昏暗的客厅里，电视的屏幕闪烁着，她说："即使我死在家里，变成了一堆白骨，怕也没多少人知道吧，更何况又会有多少人会打电话来呢？"

一位 90 多岁的女子在自己独居的房子里去世，死后一个月，别人才发现她的遗体。被发现时，她家里的电视机一直放映着，厨房的烤面包机还留有未烤好的面包，浴室的浴缸里装满了水……死者还有一名 80 岁的弟弟，由于两人身体欠佳，互相的来往已减少，得知姐姐去世时是这般模样，只是心灰意冷地叹气："接下来就该轮到我了……"随着人与人之间关系的淡漠与疏远，单身独居的老年人越来越多，亲人之间相互帮扶的愿景离他们越来越远。

如今，"无缘社会"已不断向日本青年群体逼近。NHK 为了拍摄这一部纪录片，收集了 1.4 万通日本被社会边缘化群体的电话留言。意料之外的是，他们收到了许多年轻人的挣扎与呻吟。

一位 27 岁的女性在电话中留言说："当我心情苦闷的夜晚，我就会打电话，尽管可能会没有人接听，但光听到电话的提示音，我也会感觉到自己还处在这个谁的生活中，还与别人有着联系。”

有一位男性在通话中是这样说的：“我是一名 20 多岁的男性，说实话，我感到非常孤独，甚至有过自杀的念头，我希望身边的人能和我多打招呼，不管是聊娱乐八卦，还是生活琐碎，都好。”从这位男性的通话中，我们能深刻地感受到他的不安，以及他内心的孤独，还有他盼望着与人交流、沟通的强烈念头。

一位曾在知名公司上班的正式员工，却由于公司倒闭，丧失了原本的工作，只能够沦为一个找短期工作的合同工。她说：“对我来说，无缘社会的缘就是职业缘吧。我没有这种缘，想抓也抓不住，深切地感到好寂寞，想到老了以后应该怎么办，实在是很残酷。”

一位名叫吉泽的人，曾是在机械厂上班的正式员工，由于泡沫经济失业，之后一直辗转各地工作，后来由于身体原因，不能工作。他在家乡已经没有朋友了，无处可回。他也想过：“自己是一个不被需要的人吧，无论在什么地方都没有用处，都已经这样了，只要了断自己，以一个不明死者的身份。”

甚至正处于茁壮成长时期的青少年人群也驻足在无缘社会的入口前：“我是一名自由职业者，现在一个人居住，和别人几乎没有交谈，我感到精神上的不安。”

究竟是什么？让本应该拥有工作、家庭和人际关系正值青壮年的一代在社会的边缘挣扎呢？

## ● “无缘社会”从何而来

人类是一种群居动物，每一个人都是社会中的人，离开了社会，我们是很难存活下去的。如果人类不结社，便没有办法与社会相容，也不能成为一名真正的社会人，所以，人与他人多多少少都会有些关联。如今日本社会正真真切切地面临着“无缘化”越发严重的威胁，究其原因，或许日本社会人际关系形态的历史流演变能为我们提供一些有力的参考。

首先,“血缘”是如何走向“无缘化”的呢？



传统的日本社会与中国传统社会是有着很大的相似性的，因为日本曾在中国唐朝时期到中国学习唐朝文化，因此，中国传统文化对日本的家族制度与家庭道德产生了深刻影响。传统的日本家庭和传统的中国家庭一样，特别看重家庭发展，有着严格的家族制度。传统的日本社会主要是由一家一户的家庭构成的，主要的家庭形态就是“三世同堂”甚至“四世同堂”的大家族制。在日本人民心中，家庭有着至高无上的地位，休戚相关的家庭关系深入人心，也因此，日本人做事总喜欢说是为了家族争得荣誉。实际上，日本传统家族制度的概念不仅仅限于以婚姻、血缘为纽带的具体家族，它还包括“家”这个“超越个人生命、祖孙一体的永远的生命体”,[1] 如同姓之间、同地域之间，都是一个大家庭。不论家庭成员是遭遇生老，还是遭遇

1　李卓．日本传统家族制度与日本人家观念［J］．世界历史，1993（04）：70-77.

病死，只要“家”的观念不灭，家族就有重生的可能性，“家”就会一直延续至千秋万代。在这样制度的影响下，大多数传统日本人做的一切都是为了实现家族的利益，家庭就是他们的精神支撑，这也让他们逐渐与社会生活的家族化相适应。

随着日本的历史进程的发展，第二次世界大战之后，日本传统社会的家族制度开始瓦解，无数的“小家族”从“大家族”中分离出来。20世纪60年代末期，由于日本调整生产关系，变革落后封建制度等因素，日本开始进入国民经济高速增长时期，日本的城市化进程加快。除此之外，日本于20世纪70年代迎来了一波“婴儿潮”，使得日本人口剧增。这一波赶在浪潮出生的孩子随着城市化进程进一步发展的道路，长大后开始与父母分居，向往独立，自立门户，社会中的“小家族”越来越多，这些小家庭也被赋予了一个新的名词——核心家族。由于全面西化的日本崇尚个人主义与自由，日本社会出现了离婚率高涨、不婚、不生育等严重现象，导致日本社会单身化家庭的数量急剧增加。2007年，日本人口统计调查显示，“核心家族”约占日本家庭总数的60%，其中“夫妻家庭（无子女）”约占20%，“夫妻与子女家庭”约占30%，单亲家庭约占8%。[1]2010年，这样的状况发生了扭转。日本国势调查显示，一人独居的单身家庭约占日本家庭总数的31.2%，成为日本数量最多的家庭类型，并

1 总务省统计局.平成22年国势调查人口等基本集计结果要约，2001.

首次超越了“夫妻与子女”家庭的数量。由此可见，现代社会的“核心家族”开始取代日本传统社会“三世同堂”的大家族制，传统的家庭观念瓦解，他们与亲人的联系渐渐减少，“血缘”的纽带逐渐被切断，开始走向“无缘化”。

其次，造成日本社会“无缘化”的一个大的因素是“地缘”的丧失。

在日本，传统的社会形态是农村型社会，其基本单位是村落。而村落则利用地缘关系，把一个或多个家族、亲族集团集合在一起，构成了生活共同体，同时，村落还具有鲜明的家族主义、强烈的集团主义、明确的等级序列及浓厚的氏神信仰等特征，是一个相对封闭型的社会。村民们为了达到预定的生产目标，会采取互相帮助的方式，共同管理共用设施，共同获取劳动成果。在一个有系统组织的情况下，村民将村落的事务打理得井井有条，人们在采取行动之前也会优先考虑整个村落的利益。因此，人们的村境意识非常强烈，村内和村外、村与村之间有着非常严格的界限。人们就在这样一个小世界里，知足常乐。在这样的情况下，村落里的人都认为村界之外的世界不属于自己，那是另一个天地。

随着日本经济的发展、城市化进程的加速以及曾经兴盛的乡村衰落，村落的封闭性正在被渐渐打破，“地缘”开始瓦解。在快速的城市化过程中，日本逐渐形成了三大都市圈，即东京、京阪神、名古屋，在这三大都市圈聚集了日本大量的资源和人口。在大都市迅速发展的同时，日本中小城市及乡村的发展也渐渐衰退，工作机会的减少导致大量的人口流失，比起在小地方知足常乐，人们更愿意到大城市寻求更多的机会，由此与故乡的联系越来越少，成为“回不去故乡的人”。

与此同时，就居住环境而言，大都市与小村落有极大的不同。由于小村落里的人互相都知根知底，每天农忙之后可以与邻里之间互相调侃。而在大城市工作的上班族每天疲惫工作回家后，便把自己关在小房间里，享受自己独自的时光，几乎与外界隔绝，很难同村落里一样与邻里之间交谈。除此之外，受社会伦理限制，过去人们获取信息的方式主要局限于熟人之间而现在有很多陌生人会恶意挖掘别人的信息，并用于黑色产业链，因此人们越来越注重保护自己的隐私，对他人的信任度也在不断降低。传统社会的人际关系正在日趋国际化的大都市中逐渐崩裂，种种迹象都加剧了社会“无缘化”的发展。

最后，人们是如何逐渐从社会中脱离，导致“社缘”丧失呢？

“终身雇佣制”是日本在一定时期内适合国情发展的产物，它为第二次世界大战后的日本经济复苏做出很大的贡献是一个不争的事实。这种类似家族的制度使员工获得了如家庭一般的归属感，稳定了员工的流向，让他们为企业创造了较高的价值。在前途充满光明的时期，公司里的人就同日本传统社会中小村落一般，大家都充满了干劲，渴望在村里创造出更高的价值，让村落更好。一旦这条路的光芒渐渐减少，甚至暗淡无光，大家就如扎破了洞的轮胎一样，无法像之前那样再充满气往前方行进。随着日本社会发展客观条件的变化，这种制度渐渐显露出了与社会不相适应的地方。

泡沫经济的破灭，日本的经济长期萎靡不振，“终身雇佣制”无法像以前一样良性循环，企业负担过重，无法像从前一样为员工提供众多的福利。人们随时面临失业的可能。很多青年人抱怨“结不起婚”“生不起孩子”。由于企业逐渐减少雇佣正式员工，很多还留在岗位的正式员工为了保全自己的工作，常常超负荷工作，从而无暇顾及身边的“人情”，工作成为他们唯一的尊严。有人说，在工作中所结识的人情都是不可靠的，因为一旦丢失这份工作，便和他们逐渐减少交集，以至完全断绝了联系，到最后，落得既没有朋友，也没工作的境地，丧失了“社缘”，自然也就陷入了“无缘社会”。

人口老龄化虽然是无缘社会形成的一个重要原因，但这并不意味着人口老龄化就要承担无缘社会所带来的全部“恶果”。要知道，在这个无缘社会中，还有很多年轻人，他们依然饱受着无缘社会之苦。所以，我认为日本无缘社会的形成与他们“不给别人添麻烦”的道德观、苛刻的耻感文化，以及发展到有些极端甚至病态的集体主义有莫大的关系。

日本人的性格多为内向、敏感、拘谨，这点他们自己也是承认的。日本是 A 型血主导的社会，A 型血的人数占一半以上，而 A 型血人的性格就偏向守序拘谨，再加上耻于给别人添麻烦的文化和森严的等级尊卑观念，导致社会整体的风气就是有事不麻烦别人，也不希望别人麻烦自己，从而与人划清界限，不施予别人情义，也不接受别人的情义，认为别人的事情与自己无关。而日本人这样的观念也导致他们遇到事情时不喜欢出头，正所谓“各人自扫门前雪，莫管他人瓦上霜”，这也正是很多日本人明明希望有人陪伴，想和人聊天，却从不主动与他人搭话，建立与他人的联系的原因，即使自己感觉孤独到要死掉了，也是如此。当然，这也使得日本人难以与他人产生羁绊，甚至是与亲近的家人也渐行渐远，越发冷漠与疏远。

在日本最出名的动漫中，我们会发现，动漫非常强调人与人之间的“羁绊”。为什么呢？因为在现实生活中，人与人之间的关系非常淡漠，由此带来了很多的负面效果。为让日本社会得以健康发展，才不得不通过动漫的形式来呼吁人们打开心扉，勇敢地走出家门，主动与邻居打个招呼，主动与家人来次拥抱，最终会发现，这才是正确的生活方式。

## ● 构筑“有缘社会”新纽带

“无缘社会”就像一个暗无天日的监狱一样，不仅囚禁着独自生活的孤寡老人，还试图伸出黑暗之手将更多日本年轻一代也引诱至里面，在他们与外界之间筑起一道无形的屏障，使他们自身无法再与社会进行正常的交流。

“无缘死”已成为日本社会一个重大的问题，引起了日本政府的重视。为了让更多的人不再孤独地死去，日本政府于 20 世纪 60 年代制定了专门针对老年人的福利法，在原则上，65 岁以上的老人即可享受老年福利。2000 年 4 月，日本开始实施护理保险制度，并提出“由全社会支撑老年人”的概念，政府开始为老年人提供集保健、医疗、福利等为一体的综合服务，并创造良好的生活环境，尊重老年人的经济价值，让老年人在社会发展中发挥出自己的积极作用。同时，政府要划分出合理的就业结构，让老年人和年轻人都能在社会工作中有一方自己的天地。

2003 年，由于日本的劳动力人口不断减少，而无业青年却持续地增加，因此日本政府制定出“青年自立挑战计划”就业政策，以解决上述日本面临的困境。这项就业政策主要包括三个方面，一是面向应届毕业生及未就职的往届毕业生的支援政策；二是面向自由职业者和青年失业者的支援政策；三是提高、推进青年就职意识的各种支援政策。该政策旨在鼓励青年人自主就业，通过帮助青年提升自己，以及通过一些辅助性措施改善青年的就业状况，让他们与社会产生更多的关联。



而“无缘社会”这一群体正式进入大众视野，是在 2011 年 NHK 播放关于“无缘死”的纪录片之后，这给日本民众的心理带来了一定程度的冲击，并引起了人们对“无缘死”这一话题的热议。在此情形下，日本政府就“孤立化”“无缘化”等问题提出了《开展社会包容力政策的基本思路》，并在 2011 年 8 月出台《关于社会包容力的紧急政策提案》，让孤立的人都融入社会的大家庭里，不让任何一个人感到自己被社会抛弃。

除了宏观的政策指导，日本政府还制定了一系列积极应对的措施，例如政府会对各个社区进行排查，挖掘出有“社会无缘”倾向的人群，对他们进行特定的心理辅导，以消除他们的心理障碍，帮助他们建立起与社会的联系。同时，成立一些“有缘社会”的社会组织，比如独居老人协会，让他们建立新的人际关系网，重新与社会产生联系，积极生活。另外，政府安排人员有规律地联系有“孤独死”危险的人，以确认他们是否还活着。比如社区工作人员定期探视、通过电话访问、让生活援助员拜访等，同时观察“孤独死”危险人群的生活细节，看他们是否有按时缴纳水电费、倒垃圾、出门活动等，把这样的群体都安置在可联系的范围之内，以便确认他们是否有正常的生活。日本很多老年人的家里都安装了紧急按钮，一旦发生身体不适或其他情况，老年人便可以按下按钮，社区或其他的救护组织便能够收到通知，及时对老人进行救助……

除上述政府努力解决“无缘社会”的措施外，日本民间也为解决“无缘社会”做出了努力，如日本民间的各种非营利组织和社会团体自主开展的以生活在该地域居民为主体的活动，这也是目前成功解决“无缘社会”的方式之一。

以日本横滨为例。日本横滨郊外有一个特殊的群体，他们以帮助年轻人再次找回与社会之间的联系为目的。所以，这个群体里会集了很多从学校毕业之后找不到工作的年轻人。其中有一名叫千岁的女孩刚刚从高中毕业，由于家庭充斥着各种矛盾，她对家人充满了不信任，“家”使她厌烦，学校便成了唯一能带给她归属感的地方。高中毕业以后，她不得不离开学校，走向社会。可是，她并没有找到工作，她在接受 NHK 采访时说："哪里都没有自己的容身之处……我到底应该去哪里。"

看不到任何未来，像千岁一样的孩子有很多，根据国家调查显示，无法就学、无法就业的年轻人（15 ～ 34 岁）达到 60 万人，如果不帮助他们尽早重拾社会的联系，"无缘社会"便会像病毒一样无尽蔓延。因此，学校开始与千岁所在援助组织一起协作帮助这些学生与社会建立联系，援助组织每周都会去学校与孩子们进行沟通，他们会把没有找好工作便离开学校的孩子集中安置在一个宿舍，在集体生活的同时对孩子们进行职业培训、心理建设，逐渐适应社会的发展，使他们不致突然被抛向社会而六神无主。援助组织重新将孩子与社会联结起来，引导孩子们找到自己真正想做的事情，创造更多选择的时间。千岁已经接受援助组织的帮助一年了，她已经渐渐从"无缘社会"走了出来。"整个人感到平静了许多，变得从容一点了，真好。"曾一度不再信任他人的她，脸上的笑容渐渐多了，可以自然地与他人进行对话，与共同生活的伙伴渐渐建立起了新的联系。"原来和别人对话这么愉快，这么想也算我的一个进步吧。通过和他人的接触，原来自己是可以改变的，很感激。"

除了政府与民间组织帮助"无缘社会"的人摆脱困境之外，想要真正与社会产生联系，个人的主观能动性尤为重要，如果自己都放弃了自己，在本质上就与装睡的人没有任何区别。只要一个人不想变为"无缘人"，无论怎样都不致陷入真正"无缘"的境地。从 NHK 纪录片里的 1.4 万通电话留言来看，大部分人都具有求生的意识，他们在留言中透露出自己需要被关注，希望能有一条纽带把他们与社会联系起来。

吉泽是NHK无缘社会纪录片制作组采访的对象之一，他曾寄给制作组一封遗书，然后试图卧轨自杀。在接受了纪录片制作者采访后的两个月，他开始尝试改变自己孤独的生活——构建地域的联系。他从打扫公寓附近的街道开始，希望路过的行人能够和他说话，路人一个接着一个从他身边经过，可是并没有人和他说话，他感到有一些落寞。这时，他遇上了刚刚放学的小学生，小学生主动和他问候："下午好！"这才有了简短的交流。他突然发现了自己可以为别人创造一些价值。为了逗学校里的孩子开心，他将自己饲养的独角仙幼虫送往附近的小学。果不其然，孩子们果然很喜欢这些小独角仙，为了表示对吉泽的感谢，孩子们在信纸上画出了吉泽的样子，并且亲笔写信感谢他："谢谢你，吉泽。"吉泽收到信之后，没有人知道读信的他内心有多复杂："读了这些信，感到原来自己并不仅仅是一个人，真的由衷地感觉到了。"

除此之外，日本还有一家非营利组织——白浜援救站，他们主要的工作是解救曾企图自杀的人，并为他们提供一起生活的场所，通过集体间的工作和交流，让这些"失去关联的人"重新认识自己，重新对生活充满希望。而参与到这个组织中，每个人都有自己要做的事情，对于他们而言，像找到了生活下去的意义和价值所在。

对于"无缘人"河上勉来说，援救站就是他重新关联社会的场所，在这里他找到了自我的人生价值。他负责援救站里的饮食，每天都会习惯性地跟豆腐店老板要豆腐渣，用来做饼干。他曾因为丧失一切的失落感而企图自杀。如今，他把自己与被抛弃的豆腐渣结合了在一起，并发出这样的感慨：“豆腐渣本身是上不了台面的，我觉得这一点好像真的跟我们这些人有点像，很像我们这些被社会淘汰下来的失联的人。豆腐渣，要是你也被人扔掉了，我会让你再活过来的！”

随着社会的发展，“无缘社会”“无缘死”现象已不再仅仅是日本独有的，世界上其他发达的城市也出现了越来越多的孤独地“活着”“无缘”地死去的人。“无缘社会”在不停地出现并扩张，它时刻提醒着我们有越来越多的人将要面临孤独的绝境，而我们所能做的，只有重视这种社会现象，才能为“无缘社会”提供更多的“链接”，避免更多的“无缘死”。

# 第五章
# 文化价值观

新一代的日本年轻人被日本社会赋予“新人类”的称号。这类人群的主要特征为：以自我为中心，注重自我满足。所以在生活中，我们会经常听到这个群体的人说：“请你不要干涉我，我要做自己。”

# 日本青年文化价值观



无论哪个国家或者民族的文化的形成都不是一蹴而就的，而是都需要经过一个比较长的历史进程。价值观作为文化最高层次的表现形式，成为某个特定群体在特定时间里相同理想与信念的反映。此外，价值观所具有的意义还在于，它是一种对个人与社会均存在着明显导向作用的社会意识，因而，就不同的国家和民族而言，在特定的时期里，都有着属于自己国家和民族的价值观。进入21世纪以来，日本的社会文化和价值观已经越来越表现出一种多元化趋势。反映到日本青年的价值观念上，就是日本青年的价值观日渐呈现出多样性特征。其实这也不难理解，在国际政治多极化、经济全球化与一体化的大背景之下，日本年轻人受到多元化价值观的影响，凸显个性特征的价值观日渐形成，日本社会顺应时代潮流，对“具有个性”的日本青年一代的培养付诸了精力，因而，日本青年追求自我个性的价值观逐渐被日本社会所容忍，也因此具有更多的自由度。[1]

当今，日本年轻人的价值观形成过程受到多重外力因素的影响，比如说，正是在日本民族的传统价值观和外来文化价值观的对立和融合作用之下，日本青年追求个性、多样性、以自我为中心的价值观才得以形成。

日本年轻人所追求的价值观，和传统日本民族的价值观之间有着看似不可调和的矛盾，前者追求的是“个人主义”，并以此为中心价值观，而后者崇尚的则是“集体主义”。也正因为如此，新一代的日本年轻人被日本社会赋予“新人类”的称号。这类人群的主要特征为：以自我为中心，注重自我满足。所以在生活中，我们会经常听到这个群体的人说：“请你不要干涉我，我要做自己。”这句话俨然就是对一切同自己不一样的声音做出回应的绝杀技。一招毙命，对方根本没有任何反驳的余地。

## ● 注重自我满足的青年一代

如今日本青年的价值观与以往日本人的价值观存在着一定的差异性，无论是他们表现出来的行为还是思维方式，都与外界熟知以刻苦、勤奋、严谨等而出名的日本人有着一定的差别，而这种差别显示出了当今日本青年的文化价值观已悄然改变。

事实上，近几年日本政府已经在对教育予以改革。日本中

1 贾建梅．日本青年价值观变化之我见［J］．边疆经济与文化，2005（04）：93-94.

央教育审议会提出“开展面向21世纪的教育”,“实施国际化、信息化与科技发展和社会变化相适应的教育。”不仅如此，日本教育界也认同培养“充满个性”“丰富人性”以及“具有多种价值观”的青年。“教育的最大课题”是对“填鸭式教育”进行改变；除此以外，也强调需要“强化学校、家庭、工作单位、地域社会四位一体化”的教育。日本的教育改革，对日本21世纪青年之价值观形成带来了直接的影响。事实上，有不少人寄希望于教育改革，期望改革后的日本教育能够实现对日本青年一代的“心灵的教育”的树立，同时也能够实现形成新一代日本青年的良好道德风尚的目标。[1]

老一辈日本人的工作观念以极致的劳动来形容也不为过，正是因为他们“工作至上”的态度造就了日本第二次世界大战之后的经济复苏与繁荣。他们对工作极度“忠诚”，因为老一代的日本年轻人一旦进入公司，便如同和公司“结婚”了一样，个人的命运与公司的命运紧密地联系到了一起，日本也因此而得以创下了令全世界瞩目的东亚奇迹。

其中,“加班”作为一种认真勤劳对待工作的传统态度，曾经一度受到日本人的推崇。甚至在一段时期内，他们曾把“为了工作牺牲自己”当作绝对的价值观念。长此以往，物极必反。在此种价值观念的引导下，一些企业不仅没有因为繁荣的加班



1 贾建梅．日本青年价值观变化之我见［J］．边疆经济与文化，2005（04）：93-94.

文化而提高工作效率，反而每年还有不少人因为工作而抑郁，因为工作而过劳死，甚至因为不堪忍受工作的压力而自杀，对社会造成了很大的负面影响。

随着时代的发展，“为了工作牺牲自己”对于新一代的日本青年人来说已经不是一个绝对爱推崇的价值观念，同时，企业给年轻人灌输“鸡汤”的行为，对年轻人来说也没有过多的意义，因为他们对于工作有自己的态度。主要以“适合自己”为主，比如，“与其在工作上成为一名正式社员没有自由地为公司卖命，不如当一名自由自在的临时工，虽然工资不多，但是也不是没有办法生活。”在工作观上，日本新一代的年轻人会首先考虑自己，以自己的感受为第一。比如，对于上司的工作要求，他们会以“我会做相应的努力”来回答，这样的回答没有绝对性的意味，这与老一代的日本人的工作观念形成了对比。



近几年，在日本年轻一代中有一个名词非常流行——临时职业者。从 1987 年开始日本就出现了“自由职业者”一词，年轻人从大学毕业之后，并未选择像普通毕业生一样，入职公司成为一名职员，却选择了为了自己的梦想而生活。他们的生活费是通过采取打零工的方式来赚取。这些年轻人对外堂堂正正地说“要自由地度过自己的一生”，他们可以如愿以偿地从事自己所喜欢的工作，抑或直接辞去感觉不适合自己的工作。

同 20 世纪 80 年代和 90 年代年轻人不一样的是，千禧一代的日本年轻人选择成为临时职业者的主观原因是“不知道干什么”抑或“找不到工作”，从而选择成为“自由职业者”，从社会方面进行分析，主要有雇佣制度、父母支持以及家庭教育三个方面原因。

首先是雇佣制度。近些年，日本国内的企业正在进行改革。日本毕业生就业率低，就算可以实现顺利就业也逃不脱低工资的现状。雇佣制度仅仅明显地针对老年劳动者，却并未对日本的年轻劳动者提出相对应的一些措施。此外，日本年功序列制度的改革，也对国内的年轻人产生了消极的影响。尤其是女性，只可以从事钟点工与杂工，工资比男性低。所有的这些，均在不同程度上对年轻一代的上进心造成损害，使得他们这样认为：哪怕自己再怎么努力工作也不可能得到所期望的回报。如此这般的雇佣状况，也就导致了日本年轻一代在经济独立方面表现出有心无力。

其次是得到父母的支持。事实上，通常情况下只有在寄生生活的前提下才能成为临时职业者。《2000年临时职业者白皮书》中介绍说，日本临时职业者平均每月收入11.2万日元，有近60%的临时职业者与父母同住。换句话说，60%的人如果失去了父母的支撑，就做不成临时职业者。

最后是家庭教育问题。日本的家庭教育是造成日本社会出现临时职业者大量存在现象的最主要原因。在日本，理想的家庭是合家团聚，家族和睦。因为中老年夫妇本身尚未形成崇尚自立的意识，所以下一代拥有树立独立精神观念的意识略显薄弱。目前的状况是有孩子的父母把学习置于家庭教育中心，没有把将来与谁在一起生活、想要过上什么样的生活以及想要寻找什么样的幸福等诸多问题纳入日本家庭教育的内容里面。

《寄生未婚者时代》一书的作者山田昌弘先生，在书中，认为让寄生未婚者消失的关键在于使离开父母的20多岁的青年（一人或一对）得到基本的生活保障，不致与在父母家时的生活产生太大落差。为了达到这个目的，有必要制定政策性措施和改革企业习惯等。例如向25岁前离开父母的年轻人优先出租质优价廉的住宅，向离开父母独立生活的人按年龄支付补助金。还有使劳动市场自由化，消除男女差别的陋习，让男子、女子都能获取与实力相配的报酬，这样就能促进有实力的年轻人自立。另外也必须采取必要的政策预防随之而来的弊病的产生：中老年劳动报酬的下降，以及无实力的年轻人的贫困化等问题。

传统的日本人不善于表达自己真实的意见和想法，他们追求一种一致性，强调和谐，避免冲突，将自己的个性埋没起来。即便在面对一些事情的时候，自己有明确的想法，也只会持怀疑的态度提出来。希望获得别人的采纳。他们过于强调集体属性，害怕自己由于与众不同而被集体排斥在外，所以试图放弃自我而融入集体。虽然日本曾经经历过全面西化的改革，但这一点与欧美发达国家全面施展自我的个性相比，似乎是日本的特殊之处。也正是因为这样，日本的价值观和生活方式都较为单一。

但随着时代的演变，当今日本的年轻人更加突出自我个性的发展。与老一代的日本人相比，“只要自己喜欢就行”成为当代日本年轻人的流行话语，他们更愿意去追求与众不同的东西。这种与众不同不仅体现在各自的穿衣打扮上，还体现在各自不同的生活方式上。在传统价值观看来，人类生活的既定模式为：出生—上学—毕业—工作—结婚—生子……而当今的日本青年似乎正在打破这样的模式。日本社会产生了多元化的群体，例如，电视台情报节目《ZIP！》就制作了一期有关“address hopper”的特别报道，“address hopper”是指住址变化无常，四海为家的人。不夸张地说，这样的群体每天变更住址也不例外，他们可能选择住民宿、旅店，或者其他的地方，这是在日本年轻人群体中刚兴起一种生活方式，并且有专门的网站对这种生活方式进行宣传。



有节目组采访了一位名叫芳泽郁哉的26岁年轻人，他说之所以选择这样的生活方式，是因为自己经常外出旅游，如果租一个固定住所的话很浪费钱，所以决定不租房子，每天下班之后才开始寻找当天晚上休息的地方！在常人眼中，这样的生活方式似乎带来了很大的不便，比如行李要如何处理，如何让本人收到快递？令人家意外的是，芳泽的生活方式非常简约，他的行李都装在他的双肩背包里，例如换洗衣物、旅行证件、牙刷、充电器……其余的衣物和杂物都放在办公室的桌下，他每天的西装都会穿到第二天早上，然后一早便送去洗衣店洗，再换上已经洗好的另一套，这样便节省了衣物的收纳空间，除此之外，他还在邮局租了一个信箱用于接收信件……在“address hopper”的眼中，这是他们追寻自由的生活方式，也是与更多人打交道的机会。这样的生活方式在老一代日本人眼中或许不可思议，甚至不能理解，但当今日本的年轻人接受这样的生活方式，并没有过多地在意其他人的看法，这和传统日本人的家庭观念存在着一定程度的矛盾。

不仅如此，享乐主义亦成为日本年轻一代的主流价值观。在享乐主义者看来，引起人们的行为的动力是人的趋乐避苦的欲望。在勤劳、善于吃苦的传统日本人眼中，享乐主义是一种腐朽的思想，因为在任何情况下，享乐主义只能让社会产生虚假的繁荣，使得整个社会出现玩物丧志的不良风气，最后甚至可能使已有的文明成果全部被葬送掉。



而在当今日本年轻人的眼中，享乐主义并不是一个贬义词，他们把享乐主义当作一个褒义词来看待，就像“你永远不知道明天和意外哪一个先到来”这句话说的，人生苦短，不如及时行乐。比起每天担心地震爆发、火山喷发、海啸袭来等一些与自己本身无关的事情，不如每日认真生活，找到自我的乐趣，不必回忆过去，不去担忧未来，不给自己增添过多的负担和责任——今宵有酒今宵醉。

比起成为日本的商业奇才，日本当代的年轻人更注重在自身挖掘更多的价值。例如，人们没有办法将方便便宜的“拉面”与对食材要求严格“怀石料理”联系在一起，但曾在寿司培训学校经过专业培训的横山祥太郎便立志创造一道将“拉面”和“怀石料理”联系在一起的菜肴。他发现大部分的寿司店会把新鲜捕获的鱼，剃去可用于做寿司材料的肉之后，便把本可以熬制出香浓鱼汤的鱼骨给扔掉了。他觉得非常可惜，于是，就索性开始了对用鱼骨获取汤汁的鲷鱼骨拉面做法的具体研究。和他一起学习寿司料理的伙伴见状后，只认为他不务正业，不好好练习做寿司的技术而整天研究“乱七八糟”的拉面。尽管如此，横山祥太郎不顾他人的评头论足，最终成为“鲷鱼骨·鲷祥”的主理人，并且开启了“怀石拉面”之路。每份拉面如同寿司一样大小，也像奉上不同口味的寿司一样给客人依次奉上，面条、汤汁和材料都不一样。比如首先是海胆拉面，其次是大虾拉面，最后是鳗鱼拉面。每一餐都由 5—8 盘构成，让一次性想尝试各种口味拉面的食客能尽兴而归。在这样的过程中，他似乎找到了生活的乐趣，他享受这样的生活，平淡且幸福。

总的来看，当代的日本年轻人正在抛弃一些他们不认可的传统观念，比如无条件的责任、牺牲与服从，取而代之的是以自我为中心、更加注重自身价值的生活方式。

## ● 从“集体主义”到“个人主义”

人类所处的环境，在很大程度上左右着人类价值观的形成。在这当中，人们的物质生活以及社会地位对人类自有价值观的形成起着决定性的作用。不仅如此，作为反映人类对自身存在意义之反思的价值观，一方面，它在某一阶段的时间内表现出一定的稳定性；另一方面，它并不是一成不变的，而是会随着时间的变化而发生改变。

如今，日本青年的文化价值观与日本传统的文化价值观相比，发生了不小的颠覆，以“个人主义”为中心的新一代青年的价值观已经逐渐取代以“集体主义”为中心的老一辈传统观念。为何价值观会有如此大的反差？从日本对外来文化进行吸收的角度来看，可以为现在和未来的青年价值观变化带来一部分有价值的参考。

第二次世界大战后，日本经历惨败，整个国家的状态非常低落。原来支配日本人的传统价值观遭受了极大的冲击，在日本社会有着绝对权威的天皇、国家与军队的价值观日益遭到否定，而作为第二次世界大战时期反法西斯同盟国之一的美国，在政治、经济以及文化等领域对日本产生了全方位的影响。由于整个国际处于较为平稳的状态，整个日本社会焕发出了新的生机。大量的美国文化充斥着日本。

在这当中，在文化教育方面，日本依照美国的方式，实行了“民主教育”制度，倡导“尊重个人价值、尊重学术自由、培养自主精神”，人们的思想开始变得多元化，并各自探索如何才能实现个人的解放以及民主化道路。传统的“集体主义”与新兴的“个人主义”产生了冲突。

20世纪七八十年代，日本挤入世界经济强国前列，资本主义经济发展迅速，在这一代出生的青年的价值观念已与日本传统的价值观念背道而驰，人们逐渐漠视传统“集体主义”观念，取而代之的是“个人主义”观念的蔓延，注重自我感受，生活方式开始转向“自我实现型”，成为该阶段日本青年的主要特征。为此，以“个人主义”为主的青年人被赋予了新的称号——“新人类”。这类群体仅仅是对自己所喜欢着的事情投入兴趣和热情，对那些跟自己不相关联的事情表现出不闻不问，因而，他们更加注重个人主义。在群体当中，相当多的人倾向于宅在属于自己的世界里去寻找着乐趣，创造仅仅属于自己单个个体的文化，从而尽量不去同他人交往，对社会表现出漠不关心，对政治与社会活动表现出麻木不仁。

比如，日本政府就“社会经济活动中人们的满意度到底是什么”进行了相关的调查。这次的调查以现在生活的总体满意度、生活各领域满意度为基础进行了相关分析。在生活各领域满意度方面，以经济合作与发展组织（OECD）设定的更好生活指标（Better Life Index）为基础，主要分为了以下领域：家庭收支和资产，雇佣环境和工资、住房情况，工作和生活的平衡，健康情况，被调查者接受教育程度与接受教育的环境，人际关系及与社会组织的关系，对政治、行政、法院体系的信任度，对空气、水等自然环境的满意度，日常生活的安全情况，抚育孩子的难易度，得到护理的难易，生活的乐趣。最终调查结果显示，生活的乐趣一项对生活总体满意度的贡献最高，其次是家庭收支和资产、工作与生活的平衡。另外，日本国民普遍不认为对政治、行政、法院体系的信任度对生活满意度有什么贡献。[1]可见，日本国民对自身的事情更加关心，对国家、政治缺

1 日本通.幸福是什么——日本政府首次开展生活满意度大调查［EB/OL］.［2019-08-19］.https：//www.sohu.com/a/332824427_157309.

少足够的关心。

如今的日本年轻人有着属于他们自己的生活方式与价值观体系，更关心个人与实际生活，往往会将个人利益凌驾于团体以及其他人利益之上，已经从传统的集体主义转变成个人主义。

丰富的物质生活，盛行的消费主义，城市化的生活方式以及西方的大众文化通过大众传媒对日本社会进行渗透和影响，以至多元化的生活方式逐渐浸入日本国内人们的日常生活。如此这般新的文化与价值观，同日本人的传统文化与价值观存在着比较严重的矛盾，不过，日本年轻一代人的文化，依然是在这种新旧文化的对立和矛盾当中逐渐发展并得以充实的。



拥有朋友，并与朋友保持友情和往来，仍是日本青年交往过程中的一个重要部分。但朋友之间关系渐趋淡薄、较少利用大众传媒来进行交友活动，以及即使在困难的情况下也不寻求朋友的支持和帮助而只依靠自己的努力的事实，表明日本青年更喜欢独往独来，关在自己的小天地里自我欣赏、自我奋斗。[1]

日本青年价值观演变为今日的状态，少不了“外力”的作用，“个人主义”随着生产资料私有制的出现而产生，并随着私有制的发展而发展。如果没有外来文化对日本的影响，或许日本的主流价值观依旧以传统的“集体主义”为中心，也不会有之后的经济地位。“个人主义”原本即为一种个人利益至上，以

1 赵宪生.“从集团主义”到“个人主义”——日本青年文化发展的历史与现状[J].青年研究，1997（08）：44-49+39.

个人为中心去看待世界、社会以及人际关系的一种不同于传统的世界观，我们应该对其进行引导，杜绝极端的“个人主义”出现。

# 低欲望背后的文化导因

216 在20世纪，印度伟大的哲学家克里希那穆提说过这样一段话："对欲望不理解，人就永远不能从桎梏和恐惧中解脱出来。如果你摧毁了你的欲望，可能你也摧毁了你的生活。如果你扭曲它，压制它，你摧毁的可能是非凡之美。"

作为全球一切的动物最原始与最基本的一种本能的欲望，亦成为全人类的自然需求。人类从出生开始，欲望就已经深深地扎根进了人的本性当中。正是在欲望的支配之下，人们才会不断地占有客观对象，在此过程中，也就同自然环境以及社会通过各种方式产生了联系。通过对欲望不同程度的满足，作为主体的人们，把握着客体和外在环境。

在这个基础之上，欲望不只是成为对世界以及自我进行改造的根本动力源泉，更重要的还是实现促进人类进化以及社会发展与历史进步的强大力量。试想一下，假如人们失去了这样的欲望，那么社会的发展会不会出现停滞，甚至衰败的现象呢？

如今，出生于泡沫经济一代的日本年轻人已普遍陷入一种“低欲望”的状态，这与20世纪60—70年代出生在日本的人的“高欲望”状态形成了一种强烈的对比，“低欲”也成了这一代人的标签。

“生死根本，欲为第一。”

亚伯拉罕·马斯洛针提出过著名的五层次需求理论，以此表明人在不同阶段会释放出不同的需求。在中国，每个青年人都有着较大的需求，如房子、车子。我们总会努力地去为需求的满足而拼搏，把它当成人生考验，以作为自己年老时的人生资本。

而在日本，我却发现日本青年对待需求的态度与中国有着完全不同的景象，尤其是马斯洛五层次需求理论当中级别最低，也是最有优势的需求——生理需求（食物、水、空气、性欲、健康等），在日本的一项调查中得出了让大家出乎意料的结果。

2015年6月，日本国立社会保障和人口问题研究所，选择了5000名年龄为18～35岁的未婚人士作为样本进行了一项调查，询问他们的恋爱状况与性经验等问题。根据统计调查的结果来看，在这5000名调查者当中，有42%上下的男性没有过性经验，而受访女性里这一比例则为44%。同时，约70%的男性没有在恋爱中，近60%的女性没有男朋友。[1]这与以往日本给外



1 新华网. 日本近半未婚者无性经验 专家担忧少子化问题［EB/OL］.［2016-09-21］. http：//www.xinhuanet.com/world/2016-09/21/c_129290183.htm.

界“开放”的印象大相径庭。大多数年轻人表示：“谈恋爱太麻烦。”或者说：“更愿意花时间在自己的爱好上。”

如今，越来越多的日本年轻人已经对“性”失去了兴趣，对于情感的需求也表现出了一种低欲望的状态。然而，失去“性趣”只是当今日本青年低欲望的冰山一角。除此之外，这样的低欲望现象还体现在社会的各个方面。例如，他们缺乏读书的欲望、缺乏购房的欲望、缺乏逛街的欲望、缺乏成家的欲望……他们开始对周围的一切都丧失兴趣，无论政府采取怎样的措施刺激经济增长，他们都不愿为政府的行为买单。比如，物价下调，消费依旧没有办法得到刺激；银行连连调低信贷利率，购房的人数依旧呈每年下降的趋势，大多数年轻人都不愿意过早地承担太重的负担。



日本某一节目针对“买房”的问题，在日本街头对年轻人做了一次随机采访，得知大部分年轻人自住出租房或与父母同住，每个月的房租成本大概是 6 万日元（约合人民币 3900 元）。当被记者问及将来是否买房时，大多数年轻人却这样回答：

“不想买，因为过几年就会想换一个地方住，一直住一个地方会感到厌倦。”

“不想买房子，因为要贷款，贷款等于吃亏……如果贷款的话，就会一辈子被约束。”

“没有必要买房子，听说一直租房子会比较划算。”

“也不知道买不买得起（房子），日本人没有梦想的。”

……

在当前，许多日本人认为买不买房都不重要，在这当中，年轻人占了更多的比例。尽管当下的年轻人还有一部分人买房子，然而，他们会更倾向于选择二手房。到目前为止，或许大多数人会认为年轻人选择买二手房是因为资金不够。然而，实际上，这或许是日本年轻一代的一种理智的选择。之所以这么说，是因为当代日本的年轻人意识到二手房更具有价值，性价比更高，在买了二手房之后，可以再对其进行改装。

另外，关于年轻人是否“结婚”“生育”的问题，年轻人也说出了自己的想法：

“不会结婚，主要的原因是婚姻会占用大量的自由时间，特别是有了孩子之后，孩子就成了你人生的第一位了，而且我有些结了婚的朋友与他们的老婆相处得也不怎么好，关系还挺糟糕的。我觉得他们的婚姻就是个错误。”

“结婚了也不想生孩子，养孩子不是会花很多钱吗？相比之下，我更想把钱花在我和妻子身上……相比照看孩子，我更希望能跟妻了享受生活。”

“如果妻子想要生孩子，我会依照她的想法，但是就我而言，我不想。”

……

在日本，1985 年为一个结点。在 1985 年之后，日本社会的离婚率开始日渐提高，与之相对应的是，日本社会年轻一代的结婚率开始逐渐下降。出现这一现象可能与第四消费时代本身并不存在着直接的关系。然而，第四消费时代的人们更倾向于去追求个人自身的幸福，这意味着什么呢？意味着人们不去忍耐自己不愿意承担的那部分东西，这样一来，整个日本的结婚率也即开始下降，同时，离婚率逐渐提高。

除此之外，光顾百货店的日本年轻人越来越少，比起去百货店买衣服，他们更愿意去像优衣库一样的时尚品牌店购买衣服，因为那里性价比更高，新品也要更多一些，这与当下日本年轻一代的消费水平相符合。而去日本百货店消费的群体主要是更年长的人，因为他们可能有更高的消费能力。2019 年之后，消费降级的现象又再次在日本年轻人群体中出现，甚至一向以“平民”为目标顾客的优衣库在年轻人眼中也不够便宜。



以上种种现象都可以被称为“低欲望”，如今的日本青年人已经像滚雪球一样，在“低欲望”中越滚越远、越滚越大。大多数的年轻人都秉持着“能省即省”的观念，既不追求时尚、名牌，也不追求房、车，甚至认为谈恋爱不如充实自己。他们逐渐在远离与消费有关的一切东西。但“低欲望”的状态，我认为是日本青年人适应社会的结果。

但日本社会应该使得年轻一代对未来充满着希望，必须创造一个让年轻人充满希望的未来。虽然世界各国对日本各种各样的调查预测了日本年轻人黯淡的将来，但现代年轻人也没有必要按照预测方式生活工作。

作为国家未来的年轻人，要相信自己可以改变未来。年轻人本来就有冲劲，这需要的只是一个能够让其发挥这种力量的社会。

## ● 为何年轻人会陷入“低欲望”

《身份的焦虑》一书的作者阿兰·德波顿，曾经说过这样一句话：“生活，就是用一种焦虑代替另一种焦虑，用一种欲望代替另一种欲望。”

日本著名管理学家、经济评论家大前研一写了《低欲望社会》这本书，主要针对的就是现代的日本国内年轻人“低欲望”这一现象，根据该书的内容，“低欲望社会”的主要特征表现在以下四个方面：第一，日本当下年轻人不愿意像父辈一代承担沉重的负担和风险；第二，日本人口老龄化以及少子化现象严重，人口总量出现持续减少；第三，人们丧失了物欲以及成功的欲望；第四，日本政府所采取的一系列刺激经济增长的政策措施均没有产生效果。

那么，年轻人普遍存在的“低欲望”现象究竟是不是有利于日本社会的健康发展呢？似乎，年轻人对自己的生活有了更多样化的选择，每个人的选择都代表了各自不同的个性，比起需要花时间去思考长远的事情，他们更愿意享受当下的生活。人们不禁要问，当代日本青年加入“低欲望社会”是他们主动选择的结果，还是他们迫不得已妥协的结果呢？

战后日本国民经济遭到了严重的打击，此后，全国上下便处于齐心协力发展经济的状态。截至 1968 年，日本与世界各国的经济飞速赛跑，在同期经济增长的国家中，日本成为世界经济飞速增长的领头羊，因此创造了令人惊叹的东亚经济奇迹，也成了日本经济发展的里程碑。

20世纪80年代，日本的经济尤为繁荣，由于一部分投机者利用股市的账面盈利出资房地产，导致房价越来越高，大量的日本人在此时通过向银行贷款或借钱的方式，购入房产进行投资，认为“买房即赚”。当时的日本，几乎人人手里都有富余的钱可以自由支配。由于经济的飞速发展，人们充满了各种欲望，他们想方设法得到自己想要的东西，这迎来了日本高度消费的顶峰，年轻人开始在各种领域产生消费，“消费即美德”成为该阶段日本年轻人的主要观念。



房地产泡沫破灭之后，房主成为日本房地产泡沫经济最大的受害者之一，众多房主因此欠下巨额的债务，甚至破产，余生都要背负沉重的负担。各行各业都受到了冲击，从而对整个日本的经济造成了致命的打击，人们的生活水平直线下降。1991年之后，日本为了摆脱这样的经济困境，开始稳步恢复经济，直到2005年，日本经济才有再次复苏的迹象。

由于日本国内泡沫经济的破灭，使得日本经历了长达20年的“失落的年代”。泡沫时期的过度消费，成为人们今后生活的巨大负担。总的来说，之所以造成这样的局面，是因为人们对房产未来的价格进行了错误的预判、怀着未来卖出的希望而买入。日本从20世纪80年代到如今的发展历程比喻为“用香槟洗勺子”到“低欲望社会”的过程再恰当不过了。

当今日本的青年人就是在这片萧条中长大的，他们亲眼见证过自己的父母一步一步走向巅峰，却在一夜之间从高处摔落，遍体鳞伤地从地上爬起来，再背负着巨大的压力艰难地生活。一位 30 岁左右的人说："小时候我看的电视新闻和报纸，基本上就没有任何好消息，印象中只有破产与负债。"除了泡沫经济对当代日本青年人造成的严重影响之外，日本在 2008 年还遭遇了雷曼事件，即美国第四大投资银行雷曼兄弟由于投资失利，在进行收购的谈判失败之后，就宣布申请破产保护，从而引发了全球性的金融危机，致使日本遭受重创。紧随其后的 2011 年 3 月 11 日，日本东部发生了 9.0 级的特大地震，直接引发了高达 10 米的大海啸，大海啸在短时间内扑向日本境内所有的沿海地区。同时，强烈的大地震还导致日本福岛发生了严重的核泄漏事件，给日本社会的各方面都带来了严重的冲击。

平成时代可以说是日本自然灾害多发的时代，它的受灾规模比日本历史上任何一个时代的受灾规模都更大。事实上，除了发生在 2011 年的日本大地震给日本所带来的灾难之外，发生在 1995 年的阪神大地震也一样地对日本社会带来了巨大的冲击。正是因为严重的自然灾害高频率地发生，让日本人产生了这样一种认识：人们在大自然面前，是无比渺小的。人类费尽心思所得到的一切，都敌不过突如其来的自然灾害，构造的一切瞬间不复存在。著名旅日华人作家毛丹青自 1987 年便移居日本，他见证了日本平成时代的起起伏伏，对日本社会有深刻和独到的见解。在他看来，"在灾难来袭时，很多人都保持着'人生无常'的超脱心态"，在平成时代，日本人"不与世间博弈、顺势而为"的特征得到了淋漓尽致的展现。

与其面对失控，越努力，越用力，越无力，不如随遇而安，减少自身的控制欲和贪婪，把决定权更多让给自然和命运，这听起来似乎很消极，但这是适应与生存的积极应对策略。有时候，我们必须学会与自己的欲望和焦虑和解。

日本当代年轻人“低欲望”与他们从小所受的教育也有一定的关系。任何一个国家都重视提高国民的教育水平，从传统的眼光来看，好的学历意味着有好的工作，可以为社会创造实质性的贡献，日本也不例外。在日本，有很多家长变成了“虎妈”，对孩子的学习异常严苛，过于注重孩子的成绩而忽视了孩子的价值观发展。针对这一现象，日本进行了多次教育改革。为了使“填鸭式教育”的境况得以改变，培养出充满个性、丰富人性以及具有多种价值观的新时代青年，日本教育部门对新一代的青年进行了“素质教育，快乐成长”，可以说，日本教育的改革对当代日本青年价值观的形成有着直接的影响。

在这样的教育制度下，日本坚守“缩小优秀学生与其他学生之间差距”的教育目标。结合经济合作与发展组织的调查数据，不难发现，在国际上 35 个富裕国家里，日本给学生提供的教育成为 35 个国家中最为公平的。例如，日本小学生举办跑步比赛，不论学生的名次是多少，每个人都可以获得奖章，只要参与了集体活动就可以获得小红花，不论贡献大小……谁是第一并不重要，因为每一个人都是最好的自己，在较为轻松的教育环境下，大家都平等自由，自然没有争当第一的欲望。

日本的学校还注重开展课外活动，培养学生的社会实践能力，经常会安排学生参加修学旅行、远足等体验学习活动。在这样的教育方式下，学生可以尽早地对社会产生自我认知。不仅如此，在日本的高中生与大学生当中，利用课余时间兼职赚钱的现象大量地存在着。按照调查的数据，有25%左右的高中生，超过60%的大学生会利用课余时间做兼职，差不多所有的日本学生均存在着不同程度的兼职经验。[1]丰富的工作经验为他们毕业后正式走向社会奠定了良好的基础，也使他们形成了与上一代截然不同的就业观念。

日本鼓励和引导青少年树立多元化的价值观，社会也对青年展现个性非常包容，因而凸显自我个性价值观的人越来越多，新一代的年轻人都有自己的想法，他们会选择让自己更加舒适的生活方式。

以中国和日本两国的青年做对比，我们就可以看出日本青年有许多“不思进取”的想法。在中国近几十年的经济发展过程中，在“大众创业、万众创新”的优良创业氛围之下，特别是在互联网经济领域，中国诞生了很多的经济领头羊，如马云、马化腾。为此，中国青年更愿意自己创业，很渴望成功，总害怕被别人认为是普通、平凡的。

因为普通、平凡这样的字眼会让人联想到不思进取、没有大成就。而我们每个人都是不甘于失败的。我们总是不断地在

1　边静．现代日本社会［M］．北京：北京大学出版社，2019.

与他人进行比较，因为很多时候，我们对自己的定位，来自与周围人的比较，如果比对方强一些，就是了不起，就是不平凡。相反，如果与他人相比相形见绌，就会觉得自己不过是个普通人，是个失败者。为此，中国的青年人总是很努力地把自己变得强大。而日本青年的人生想法与中国青年的人生想法是南辕北辙的。

如今的日本青年人有各自的想法，他们也不愿意再重蹈覆辙父母辈的那一段历史，对未来不再抱有同父母辈一样的强烈期待，他们懂得“满足”，过着“小确幸”一般的生活。比起干出一番大事业，在社会上取得成功，他们更倾向于找一份安稳的工作，过上平凡普通的小日子。因为日本经济的持续低迷，众多就业的不稳定、不断找工作的人使他们看不到人生的希望。我想，这种“小确幸”的生活也不过是他们面对残酷现实的一种无奈之选吧。

其实，不管怎样，青年人都应该对生活充满希望，唯有充满希望，才会有阳光照进你的心房。你所想要的、所追求的，也会随之而来。

# 平衡工作与生活

我们在学校所受到的教育，大部分都停留在知识的记忆、理解阶段，远到不了应用、拓展阶段。概念人人都懂，但当我们到工作中实际应用的时候很多人就傻了眼。就单单说我们从小学到大的数学好了，如果你想自己创业开一家网店，你知道前期如何建立数学模型来计算投入产出比吗？就像很多人拿中式快餐和西式快餐做对比，讨论为什么中国餐饮出不了一个麦当劳　样，因为中餐要做到标准化太难了，我们很多时候是依据经验来做事，一个厨师的手艺好，但他未必能带出和他水平相当的徒弟。很多中餐连锁店，换一家店味道就不一样了，原因也在于此。中餐太依赖于经验，依赖于感性的判断。这也进一步说明，我们所学习过的很多知识唯有到实际的工作当中付诸应用，做到理论与实践相结合，才可以让这些知识真正地发挥出作用来。

工作与生活是相辅相成的，一方面，工作能够为生活提供一些相应的保障，人们之所以努力工作，不就是想要拥有更好的生活吗？反之，如果在工作上不思进取，人们不仅生活得不到良好的保障，而且会丧失自我价值。另一方面，工作不是生活的全部，如果一个人的生活全部被工作占据，便没有时间去做享受生活的其他事情，这样的人生势必缺少了很多乐趣。

在日本，加班已经成为一种常态。特别是老一辈人，他们几乎将所有的精力都专注在工作上，很少有自己的私人时间。随着年轻人的价值观、个体偏好及经济能力等众多因素的影响，年轻人的生活方式与老一辈的生活方式已经产生了差别。他们的生活不只有无休止的工作，还会有更多丰富多彩的生活。



## ● 工作就是生活?

2015 年的圣诞节，东京的街头充斥着浓厚的圣诞氛围，商场里面也贴满有关圣诞节的贴画。街上的行人虽然都匆匆忙忙，但脸上都流露出了喜悦的神色，大家沉浸在欢快的圣诞节氛围里。此时此刻，一位名叫高桥茉莉的少女绝望地走向公司宿舍的窗台，用跳楼的方式结束了正值青春年华的生命，时年 24 岁。在许多人看来，高桥茉莉是典型的“别人家的孩子”，她不仅在 2015 年 4 月毕业于日本最高学术殿堂——东京大学。而且，就在大学毕业之后，顺利地通过内招，进入了日本国内最大的广告和传播集团——电通集团，负责网络媒体广告工作。高桥茉莉充满光明前途的人生才刚刚开始，为何却采取极端的方式终结自己的人生呢？她的个人社交网站上记录了一些与工作有关的文字：

“休息日不休息，做出来的资料还被骂偷懒，身心俱疲……”

“已经 4 点了，身体难受得像死了一样，很难坚持下去，好累啊！”

“每天过完，只要想到明天来了就要继续工作，就害怕担心得睡不着。”

原来，刚刚进入公司的高桥茉莉被公司安排了大量超出她能力范围的工作，工作压抑的她只能在社交网络上宣泄自己的情绪。入职还未满 1 年时间的高桥茉莉，在选择自杀之前的 1 个月里，加班的时长竟然超过了 105 个小时，就连周末亦未休息，已经完全地超过了每个月 80 个小时的“过劳死警戒线”。高桥茉莉的朋友说：“她每天几乎只睡 2 个小时。”长期在工作上超负荷运转的她不仅没有得到上司的肯定，与家人、朋友似乎也渐行渐远，工作几乎占据了她全部的私生活，她没有时间做其他的事情。一次，由于高桥茉莉严重睡眠不足，导致眼睛充血，在开会的时候精神状态不佳，上司说：“你加班的那 20 个小时对公司来说一文不值！开会中那一副昏昏欲睡的样子，你连控制表情的自制力都没有吗？头发乱蓬蓬，眼睛红彤彤，这个样子不要来上班了！就现在的这些业务量就叫苦喊累，是你自己的抗压能力太弱了。”本就生性敏感的她，在 2015 年 11 月上旬被医生诊断为抑郁症。她认为，或许只有死才能结束每天重复的生活，最后她选择了自杀获得解脱……直到 2016 年 9

月，东京三田劳动基准监督署才认定高桥茉莉的死亡是因为长时间劳动造成的工伤，即“过劳死”。

“过劳死”是指在非生理的劳动过程中，劳动者的正常工作规律和生活规律遭到破坏，体内疲劳蓄积并向过劳状态转移，使血压升高、动脉硬化加剧，进而出现致命的状态。日本厚生劳动省判定“过劳死”的标准是，任何员工平均每周工作 65 个小时，超过 4 周或者平均每周工作 40 小时以上，超过 8 周导致突然死亡，就是“过劳死”。日本几乎每一年都有“过劳死”的案例。日本政府发布的 2018 年度《过劳死等预防对策白皮书》显示，从2000年至2017年，该国共发生了3344起过劳死事件。[1] 值得一提的是，“过劳死”的英文为“Karoshi”，该词源于日语“过労死”，直接由日语音译而成，这表明，“过劳死”是日本特有的现象。

毕业于名校，又是大企业员工的高桥茉莉因为工作而自杀的消息迅速在日本引起了舆论的轰动。不少人为高桥茉莉的离世感到惋惜，但也有很多人认为加班是常态，她的做法过于激进，并留下类似“我每个月加班 150 个小时还没死呢”“都要去自杀了，先辞职不是比较好”等言论。

由此可见，高桥茉莉的事件只是日本社会的一个缩影。“加班”不仅已成为日本人的一种生活方式，还成为日本的一种标

---

1　张楠．日本推进劳动方式改革 机遇与挑战并存［N］．中国社会科学报，2019-09-12（003）．

签，而“过劳死”只是加班文化的一种极端体现。在日本具有相当影响力的《读卖新闻》报道，日本全职员工平均每年工作2000小时，比德国人、法国人长400小时。20岁到50岁的日本劳动者中，42.6%的人平均每月无偿加班约16.7小时；85%的全职员工加班，20%的人每周工作超过60小时；大约一半的人加班不会获得额外工资。[1]日本还有这样一句话流传：“5点下班是旷工，6点下班是早退，7点下班是赶早，8点下班是刚好，9点下班是敬业，10点下班是楷模。”

为什么日本的加班现象会如此严重呢？现实因素总结如下。

工作量大。与高桥茉莉一样，公司安排给职员大量的工作，以致超过了职员的能力范围。某一节目在日本东京街头采访了一些年轻人，有人表示：“对我而言的话，就是工作太多了。对每个人而言，工作都是超负荷的。而且我们永远赶不上工作量的增加。”即使不加班，回家也要继续完成应该完成的工作。这是员工提高工作效率也无法解决的问题，或许其中有公司存在劳动力不足的情况，或是运营机制本是如此，但是工作量远远大于职员所能承受量是摆在眼前的事实。

赚取加班费。虽然大多数公司不会付加班费给员工，但也有部分公司会按小时给员工发加班费，并且加班的时间越多，得到的加班费就越多，在办公室多待一会儿，只要完成分内之

1 环球视野．日本过劳死之殇［EB/OL］．［2016-08-15］.http：//www.globalview.cn/m/show.php?classid=16&id=12838.

事，即能够得到更多的工资收入，又何乐而不为呢？

工作效率低。有一句有趣的话："日本人不仅精算到 8 个小时得如何均匀划分，还要考虑 8 小时以后的 1 ～ 2 小时加班要做点什么。"并非全部员工均可以在法定工作时间里做到精力全部集中，并且高效地处理好每一天的工作任务。在办公室里，难免会与同事们在茶水间聊聊工作之外的事情，或者被其他的事情耽误工作的进度。突如其来的会议决策的犹豫不决，也会占据一大部分的时间。一位在汽车零部件商店工作的东京青年被问及如果按 12 个小时的工作量来算，最快速度完成一天的工作需要多长时间，他说："老实说，就算是很糟糕的一天，我大概用三分之二的时间可以完成工作。"

奉陪加班。这与"集体主义"不可分割。在日本，很多公司考核员工的标准，比起只看员工的工作能力，他们可能更加注重员工是否有集体归属感。加班也成了员工升迁考核的标准之一，如果员工想向老板表达自己重视工作，重视集体利益，让老板看见自己加班或许是一件可取的事情。"我刚开始工作的时候，觉得下班时间不能比老板走得早。"其次，如果个别员工在同事还在加班的时候先行离开，可能会给人留下不合群的印象，甚至被排挤。所以，即使一天的工作早已完成的员工，也会留下来帮其他同事处理工作。不仅如此，"如果在同事还在工作的时候自己先离开，就会有负罪感。"

大家都担心老板和周围同事的看法，甚至有的员工只在老板休假的时候才休息。

家人的愿望。在日本有一个不成文的现象，在妻子的眼中，如果丈夫每天都很晚才从公司回家，说明丈夫在公司受到了上司的重视，包揽了很多的业务，是一种有能力的表现。反之，如果丈夫每天早早地便从公司回到家里，按时下班，则会被自己的妻子或者邻居们理解为这个男人在工作上没有能力，不被上司重视。整个社会的大环境导致这样的情况发生，很多已婚男士不得不在公司多待一会儿，只为了证明自己是一个有能力的男人。



## ● 寻找平衡

日本严重的加班文化引发出的一系列社会现象都在说明，当今的日本年轻人应该像一个天平一样，需要想办法在工作与生活之间找到一个平衡点，使两者达成一种均等的关系。此外，如何平衡工作与生活，成为日本乃至全世界都需要深入探讨的问题。

为了促成日本民众工作与生活的平衡，减轻工薪阶层的工作压力，早在20世纪40年代，日本政府就颁布了一部最综合的劳动者保护——《日本劳动基准法》，在这当中，对劳动者的工作时间以及工资等有关工作条件的最低标准做出了具体的规定。例如，员工每天只能工作8个小时。由于这一条法律对违法加班的行为不存在行政或者是刑事的处罚，严重加班的现象并没有得到有效抑制，只有很少的企业在遵守这样的法律，比起其他较为强制的法律，这一条法律似乎只是一条文字摆设。

伴随着时间的推进，加班文化给日本社会所带来的消极影响日渐增多，为了使得当下的局面能够改善，避免劳动者由于过度的工作而威胁自身的生命安全，2018 年 6 月 29 日，参议院正式通过《工作方式改革关联法》。值得一提的是，此次的工作方式改革明确规定了加班时间限制、同工同酬及高度专业制度，并且采用了分阶段的方式实行该方案。

首先是加班时间的限制。在通常的状况下，法律对员工每个月加班时间的上限设置为 45 小时，将员工每一年加班的时间上限设置为 360 小时。在特殊的情况之下，将员工每个月加班的时间上限设置到 100 小时（包含休息日工作），员工每一年的加班时间可以扩充至 720 小时。如果员工出现连续加班两个月到半年的情况，那么员工对应每个月加班的时间上限设置到 80 个小时（包含休息日工作）。不仅如此，法律还明确地做出了规定：如果有企业违反该条法律，责任人将会被处以 6 个月以下的有期徒刑并附加 80 万日元以下的罚款。大型企业从 2019 年 4 月开始实施此方案，而小型企业延迟至 2020 年 4 月开始实行。

其次是同工同酬。法律规定，企业给予员工的薪水和待遇不再以“是否为正式员工”为标准，而应该以员工的岗位为标准。只要员工的工作年限、能力与工作内容都一致，公司就应该给予员工基本相同的薪酬和待遇。若存在正式员工与非正式员工所享受的待遇不一样的现象，企业就须对此情况进行回应。大型公司自 2020 年 4 月起开始实行，中小企业自 2021 年 4 月起开始。

最后是高度专业制度。这条法律主要针对部分高收入人群（限于年收入为 1075 万日元以上）及具有高度专业的职业。由于职业的特殊性，他们以成果为工资，不受加班费及加班时间的束缚。为了使这一类型的劳动者身体状况得以确保，法律做出了这样的规定：他们每一年可以享有 104 天的休息日。该条法案于 2019 年 4 月开始实行。

不仅如此，在 2017 年，日本政府还推出了一项名为“超级星期五”的计划，也就是每个月底的星期五，企业的员工不仅可以不用加班，而且他们下班的时间还被提前到了下午 3 点。希望劳动者们可以获得多一些的私人生活时间，享受周末的时光。

不仅日本政府制定了一系列政策来帮助工薪阶层们，还有一些企业也开始关注员工的身体和心理健康。在众多由“加班文化”造成的负面新闻影响下，企业也逐渐意识到，让员工加班的成本或许大于企业本身的盈利，于是也想方设法地采取了一系列的措施让员工有尽可能多的休息时间，比如晚上 10 点办公室准时熄灯，或者到了一定的时间办公室的电脑自动关机，以提示员工应该下班回家了……

日本的微软公司在 2019 年 8 月参加了“选择工作与挑战”的活动，试行了每一星期上班四天的制度，让一共 2300 名公司的员工在一个月的时间里享受每个星期多达三天的休息日，目的是为了实现提高公司员工的上班效率，使公司员工享有更充裕的私人时间，从而提高员工自由度。根据试行的结果来看，让微软公司有些意想不到的是，试行新制度的员工的工作效率（以每一位微软公司员工的销售额来进行衡量）相比较于2018年8月，提高的比例高达39.9%。与之相对应的是，试行新制度很大程度上节省了微软公司的经营成本，在试行新制度的这个过程当中，公司的用电量减少了23.1%，而打印量更是减少了58.7%。[1]这次试行中，除了增加员工的工作效率计划之外，还包括了自我发展和家庭健康计划之外，92.1%的员工都对每周4天的工作制表现出了好感。



除了像微软一样的大公司采取了减少加班的措施，还有一些小公司也加入了扭转恶性的“加班文化”行业。

CRAZY是一家婚礼定制公司，同时这家公司是一家对员工福利采取不同发放方式的小公司，其中有一个创新的模板：为了减少员工牺牲自己的睡眠时间而加班的现象，公司会发奖金给在夜间睡眠时间更久的员工。公司的领导说：“我们收集员工睡眠时间的数据，然后在办公室里宣布排名。每个月都会表扬那些睡得很好的人。”这一项制度得到了员工们的支持，因为充分的休息的确可以改善工作上的表现。经过一年的时间，公司分析对比员工的睡眠时长，他们已经可以通过简单地观察就能够发现员工的精神和身体状况是否良好。“在我们公司，第一位是健康，第二位是人际关系，第三位才是工作。”

1　腾讯网.微软日本试行四天工作制：工作效率提高近40%，九成员工表示满意［EB/OL］.［2019-11-04］.https：//tech.qq.com/a/20191104/009611.htm.

再次回到高桥茉莉由于过度工作而自杀的事件。女儿走了，对于母亲来说是一件悲痛欲绝的事情。高桥茉莉的妈妈，在接受某一家日本国内媒体记者采访的时候，说："你问年轻人是工作优先，还是他们真正想做的事优先时，我的理解是，越来越多的人会说他们的私人生活优先，但是老一辈的观点就不一样，他们不理解这一点……"的确，现在的年轻人的价值观与老一辈的价值观已经形成了差异，他们渴求自己在工作之余能有时间做自己想做的事情，他们会通过各种各样的方式尽量使自己在工作与生活中找到一个平衡点。

日剧《我要准时下班》可能是最能道出日本年轻人心声的一部电视剧了，女主角东山结衣在日本行业内第二大公司就职，担任项目的负责人，她的生活反映了当今日本青年渴求的生活。东山结衣每天早上准时到公司上班，并且把每天要完成的工作罗列出来，之后再高效率地完成每一份工作，以确保她每天都能够在下午 6 点能准时下班，直奔她最想去的地方。比如去公司附近的饭店吃自己喜欢吃的小笼包，去喝下午 6：10 分的特供啤酒，去做 SPA……面对别人的质疑，她有理有据地回答道："每天的工作我都有很认真地完成，出现紧急情况我也会处理，该加班我也会加班，虽然很少。"除此之外，她并不赞同陪同别人加班的文化，也会拒绝别人无理的要求，享受自己拥有的权利。

尽管这只是一部电视剧，但它反映了一部分当今日本社会的现实。不可否认的是，工作的确是生活的一部分，但与无休无止的工作相比，人们会逐渐倾向于将生活重心靠近自己更喜爱的方面。例如，为了增进家人之间的情感，尽可能多地将时间安排到同自己家人相处上来；下班后与朋友去居酒屋喝喝小酒或者一起吃晚饭；发展自己的爱好，使自己的内心得到充实……

尽管各方都为了平衡工作与生活做了相关努力，但日本的“加班文化”已根深蒂固，或许等到彻底的变革还需要走一段很长的路，而我们要知道，有时候，改变一些规则，并不是改变一种文化。

当下许多日本年轻人觉得生活压力很大，认为工作是一件无趣的事，工作于他们而言，仅仅是一种谋生手段。为了工作疲于奔命的年轻人在日本还有很多，他们真的很辛苦。

我认为，比起历经艰苦获取成功，避免让沉重的压力毁坏心灵更重要。有条件的话年轻人应该出去旅行看看世界，当看到更广大的世界，你就会觉得自己与世界上有些人相比已经是非常幸运的。

# 小众文化圈的流行

信息革命的到来使得世界各地的政治、经济、文化等均发生了巨大的变化，特别是文化具有精神属性，在这场变革中所受的影响更为深远。



互联网的发展将原本相对封闭的精神世界串联起来，多元化的思想突破了空间与时间的壁垒，以前所未有的速度在不同国家、民族、群体间寻找共鸣。

当今日本社会对亚文化极具包容性，丰富多样的小众文化圈在日本的青年群体中广泛流行。第二次世界大战之后，随着日本经济的发展、外来文化的涌入，日本青年的主体意识逐渐觉醒，他们开始追求自主性文化。

时至今日，对于自主性文化的追求已演变成多种亚文化集团构成的碎片式文化，并有了热衷于亚文化的群体——“御宅族”。除此之外，“二次元”文化在青年群体中的接受度越来越高，已经开始向主流社会渗透，对日本社会的重要性日益凸显。

## 热衷于亚文化的“御宅族”

在新时代的环境中，时间与空间对信息传播的限制已渐渐不复存在。同时，在网络信息的冲击下，一元文化逐渐被多元文化所取代。为此，当下的日本青年更热衷于追求多元化的亚文化。因为与已经形成稳定价值观的中老年人相比，青少年在树立价值观的过程中更容易受到多元思想的影响，形成与主流文化价值观有所区别的价值观，而日本“御宅族”就是在这样的背景下出现的。

在相当长的一段时间内，日本青年群体的文化意识是依附于主流文化意识而存在的。直到第二次世界大战结束后，这种情况才发生了变化。战后复杂的社会环境催生了带有反抗色彩的青年意识，青年群体开始否定主流文化，积极创造凸显青年个性的新文化价值观，出现了更偏向政治的精英青年文化和更偏向个人享乐的大众青年文化。

随着经济复苏，青年文化的政治性和反抗性逐渐削弱，更注重个体的享乐主义文化开始盛行，但是这种文化在一开始受到了主流社会的批判，被认为是游离于主流文化之外的亚文化，也就是小众文化。享乐主义文化在20世纪80年代泡沫经济时期达到了顶峰，并与主流文化出现了重合。在虚假的繁荣景象下，日本社会出现了被高欲望支配的消费热潮，而青年一代作为关注时尚、张扬个性的群体受到了主流社会的赞扬，其中通过消费彰显地位、表现自身价值，以及与社会产生联系的“新人类”更是成为了媒体纷纷宣扬的榜样。

“御宅族”这一词语差不多与“新人类”在同一时期出现，其所代表的，是与“新人类”格格不入的青年群体。他们虽然对漫画、游戏、偶像等亚文化颇为了解，但是不乐意将其展现在社会的大舞台上，只喜欢在小圈子里默默享受专注带来的快乐，对现实世界缺乏关注。由于这类人群往往不注重修饰外在形象，打扮过时，缺乏年轻人该有的活力，就往往成为被大众嘲讽的对象。

然而在本质上，“新人类”与“御宅族”是没有区别的。两者都是通过消费享乐并获取生活意义的青年群体，只是“新人类”的表现欲和交流欲更为强烈，他们更喜欢在现实世界寻找存在感和获得认可。然而，随着能够彰显个性的商品逐渐大众化，这种追逐潮流的生活方式渐渐不再具有吸引力，加上泡沫经济的破灭给价值观带来的巨大冲击，“新人类”的价值观渐渐萎靡，青年开始在自己的亚文化圈子里享乐，不同文化圈之间的青年很难进行交流。也就是说，亚文化圈内与圈外的青年的交流被切断，这就意味着任何一种日本青年文化的内容在某种程度上都可以被视为“御宅族”式的文化。[1]

那么，“御宅族”是如何出现的，又是一个什么样的群体呢？

“御宅”，即日本社会中用于称呼对方的家、丈夫或对方的

1 张少君．战后日本青年文化的变迁轨迹［J］．青年探索，2018（05）：102-112.

敬语，也指仅对某一特定领域或特定事物进行关注，并对此有深入、详尽的了解却缺乏社会常识的人。狭义上的“御宅”是与动漫、游戏、科幻、手办等存在紧密联系、沉溺于亚文化群体的指称。日本发达的ACG（动画、漫画、游戏）文化促使了“御宅族”的诞生。

随着信息技术的发展，20世纪80年代，日本出现了漫画、动画、特技、游戏等多领域相互关联的文化圈。1982年，日本播出《超时空要塞马克罗斯》动画片，该动画片里的主人公与之前流行的主人公的形象大为不同，他忧郁寡言，被视为“御宅”的前期代表人物。同时，这部动画片的男女主人公也常用“御宅”一词来称呼彼此。[1]

此后，“御宅”一词得以广泛传播，引起了社会的关注。1983年12月，日本少女漫画杂志专栏作家中森明夫在《关于对“御宅”的研究》一文中，首次正式用“御宅”来称呼这类特征鲜明的亚文化爱好者群体，这篇文章也被看作对“御宅族”的正式研究。随着互联网的出现和普及，日本的ACG产业得到井喷式发展，热衷于亚文化的“御宅族”借势迅速壮大，甚至扩张至中国、韩国等国家。

“御宅族”并不是简单地指不出家门的宅男、宅女，也不是指对任何事情均不抱以关注的人。“御宅族”会对感兴趣的领域

1　王云红，王树义.从交际角度看日本“御宅族”文化现象[J].河北师范大学学报（哲学社会科学版），2009，32（02）：151-155.

倾注极大的热情，具有永不满足的向上心，也愿意和志同道合的人分享自己对某个领域的深度研究。

现在日本的“御宅族”甚至已经拥有了更为广泛的含义，除了迷恋动漫、游戏的“动漫宅、游戏宅”之外，还有义无反顾地应援喜爱偶像的“偶像宅”，对各种汽车知识了如指掌的“汽车宅”，对科学有着强烈好奇心的“科学宅”，对日本发达的铁道有着深入研究的“铁道宅”，热衷于收集各种料理食谱、烹饪工具且精通料理烹饪的“料理宅”……而这些“御宅族”之所以有如此多的类别，正是因为日本社会对亚文化具有强大的包容性，使得“御宅族”有了更多的内涵和旺盛的生命力。



在与《东方早报》记者的对话中，日本哲学家东浩纪称，在他的印象中，15 年前的“御宅族”文化是被社会边缘化的、压制的文化，然而现在它是日本的国家“软实力”，它成为了“COOL JAPAN”（酷日本）——日本的文化输出战略。而今，日本动漫、电子游戏已不再仅仅属于亚文化范畴，而是成了日本民族的骄傲。东浩纪认为，在 15 年前，“御宅族”们会无视或拒绝这种被主流接受的方式，然而现在年轻一代的“御宅族”们简单地拥抱主旋律的授勋。

## ● 渗透主流社会的“二次元”文化

“二次元”，可以理解为与“三次元”（现实世界）相区别的虚拟世界，在日语中“二次元”有“二维”之意。日本的动画、漫画、游戏等在一开始出现时，都是由二维图像构成的，亚文化爱好者将二维图像创造出来的虚拟世界称为“二次元世界”。

“二次元”作品倾注了身处“三次元”的作者对梦想生活的憧憬，在现实世界中得不到满足的愿望可以通过幻想在虚拟世界中得以实现。随着动画、漫画、游戏、小说的流行，越来越多在现实世界中得不到理解和认同的年轻人开始在“二次元”世界中寻找心灵的寄托，而受众的不断增多使“二次元”文化产生的影响也越来越大，甚至冲破了“次元壁”的限制与主流社会开始融合。



2010 年 3 月 9 日晚，位于东京临海一带的 Zepp Tokyo 体育馆里，挤满了从四面八方赶来观看演出的人。绿色的光点不时在黑黢黢的演唱大厅里亮起。虽然光线昏暗，看不清人们脸上的表情，但很明显能感受到空气中涌动的火热与躁动。

空灵的音乐前奏点燃了观众的热情，他们挥舞着手中的绿色荧光棒，在黑暗的现场演出场馆里创造着漂亮的绿色光海。阵阵尖叫声、不停歇的掌声之中响起空灵、清澈的美妙歌声：最初的声音是什么呢？你最初的声音……对于我来说就是这首歌，所以现在我很高兴……

与平时观看的演唱会不同，舞台上并没有歌手出现，但现场的所有人丝毫不觉得奇怪。当两首歌演唱结束后，谜底被揭穿了。在观众的欢呼声中，一个虚拟的人物形象从舞台上升起，渐渐呈现在人们面前，再一次将现场的气氛引向高潮。这个虚拟的歌姬，就是受到日本众多民众热情追捧的“世界第一的公主殿下”——初音未来。

2007 年，日本最大的软件音源贩售企业 Crypton Future Media（Crypton）开发出了一款 VOCALOID[1] 软件，名为“初音未来”，它能够帮助音乐人寻找歌手演唱作品。考虑到“初音未来”是一款开放销售的语音合成软件，为了扩大知名度、获得更多的订单，Crypton 公司为其设计了一个虚拟的人物形象，而这个拥有葱绿色双马尾、萌萌的大眼睛和甜美动人声音的“公主殿下”果不其然受到了众多“二次元”爱好者的喜爱。

2010 年 3 月，“初音未来”第一次举办全息投影演唱会——“初音未来日的感谢祭”，这场演唱会让“初音未来”成为世界上第一个使用全息投影技术举办演唱会的虚拟偶像。在演唱会举办前，众多粉丝就对“初音未来”即将举办的这场演唱会投入了极高的关注，2500 张门票一发售就被抢购一空，还有没抢到门票的 3 万多名粉丝，不得不退而求其次，选择付费，在网络直播上观看这场演唱会。

因“初音未来”掀起的热潮至今仍未消退，作为一个从“二次元”世界中“走出”的偶像，她的“一举一动”被数量庞大的粉丝群体密切关注，更令人称奇的是，竟然有人和她结了婚。

2018 年 11 月，日本东京一名 35 岁的青年近藤显彦宣布要和“初音未来”结婚。虽然很多人都对此表示不理解，但是



---

1 VOCALOID，由雅马哈集团发行的歌声合成器技术以及基于此项技术的应用程序，由剑持秀纪（Kenmochi Hideki）率领研究小组在西班牙庞培法布拉大学开发出来。

近藤显彦还是坚持自己的决定，他花了200万左右日元，与“初音未来”举办了一场“跨次元”的婚礼。此前他已经通过Gatebox技术公司推出的接受和“二次元”角色结婚申请的“次元渡航局”网站，与“初音未来”领取了结婚证。在39名亲友团的见证下，近藤显彦与“初音未来”走完了一系列正式婚礼的流程，开始了两人的幸福生活。

虽然与“二次元”角色结婚的事例还是少数，但是“二次元”文化对主流社会的渗透日渐深入已是不争的事实。



位于日本东京市区东北部的秋叶原是著名的电器街，也是日本动漫的发源地，每年都有大批来自世界各地的动漫爱好者前来这里“朝圣”。在秋叶原，随处可见售卖模型玩具、动漫周边、游戏录像的店铺，林立的写字楼外贴满了动漫人物的海报，浓浓的“二次元”气息扑面而来。

在秋叶原，人们经常会看到一群群装扮成动漫、游戏或电视剧等虚拟世界中角色的COSPALYER（角色扮演者），如有身穿蓬松连衣裙、头戴金黄色假发、扮演《超时空要塞》中女主角“雪莉露”的，有头戴海盗帽、身穿海盗服、佩戴着西洋剑和十字手弓道具、扮演《女皇之刃》中大海盗船长莉莉安娜的，还有身穿黑色衣裤外罩白底蓝花和服、头戴银色假发、腰佩木刀、扮演《银魂》中主人公坂田银时的……令人目不暇接的COSPALYER让走进这里的人恍如来到了“二次元”世界。

除了COSPALY（角色扮演者）的爱好者之外，秋叶原还拥有多家女仆咖啡店，店家为了迎合“御宅族”对动漫中女仆形象的喜爱心理，让店员身穿女仆服装，并提供各式服务，以此来吸引消费者前来。当然，众多女仆文化爱好者也确实被吸引到了，纷纷前来此处消费。

其实，痴迷“二次元”文化的“御宅族”在一开始并不被主流社会认可，在首次对御宅群体进行研究的中森明夫看来，“御宅族”是不运动、爱待在室内角落里的人，他们“大多是像那种留着长发，或是顶着小呆瓜头”，有着猥琐的笑容，却是萝莉控，在四处漫无目的地乱转，这些充满负面词语的描述反映了当时大多数人对“御宅族”的看法。

1988—1989 年，日本发生了“宫崎勤事件”，这使得人们对“御宅族”的厌恶感深化。具体事情是这样的：宫崎勤连续绑架杀害了 4 名女童，由于警方在他的房间里发现了大量的漫画和录像带，因此，其变态行为和“御宅”紧密地联系在了一起，甚至导致日本的动漫产业持续低迷了多年。

直到 1995 年，“御宅族”在日本民众心中的形象才有了改变。这一年，由 GAINAX 公司创作的电视动画系列片《新世纪福音战士》（EVA）上映，受到日本青年群体的广泛好评，并迅速在日本社会中流行开来。自此，低迷多年的动漫产业才开始重新得以发展，加之“御宅”被自封为“御宅之王”的冈田斗司夫正名，日本民众渐渐改变了对“御宅族”的看法。不过这时候的“御宅族”文化，仍然是“被社会边缘化的、压制的文化”。

进入 21 世纪，随着互联网的发展，原本面向小众文化爱好者的作品开始被大众接受。日本为了提升国家的文化软实力，开始大力推行“酷日本”（COOL JAPAN）文化产业促进战略。

“酷日本”（COOL JAPAN）作为日本官方认可时尚口号，日本政府推行的文化产业发展战略，它是从美国政治分析家道格拉斯·麦克格雷的《日本国民酷总值》一文引申而来的。这篇2002年发布在《外交》上的文章，高度评价了日本在动漫、流行音乐、电子游戏等文化领域的国际影响力，并认为“国民酷总值”是日本软实力的一种具体形态，可以作为衡量国家总体实力的标准之一。2003年，这篇文章被翻译为日文，引起日本社会关注。之后，日本文化创意产业的代名词便渐渐成了“酷日本”，并且人们对这个新词语有着各种各样的解释，如有的人认为“酷日本”是指日本茶道、料理等传统文化；有的人认为“酷日本”是指动漫、游戏等现代文化，也有的人认为“酷日本”是指日本制造产品，如汽车、节能产品、家电等，这些产品代表着日本的技术水平和实力，更有人认为“酷日本”包括上述所指的所有事物。但是不管如何，“酷日本”的本质是发展日本文化产业，增强国家软实力。

日本的ACGN（动画、漫画、游戏、小说）产业抓住发展机遇，获得了快速发展。其中，最具有代表性的就是日本动漫迅速崛起，并创造出了一系列具有国际影响力的动画片，如Hello Kitty和《高达》《千与千寻》《攻壳机动队》《精灵宝可梦》《超级马里奥》等。[1] 正如我的童年充斥着《七龙珠》和《哆啦A梦》的记忆一样，日本动漫给很多小孩的童年留下了美好的记忆。我有过变成“超级赛亚人”的幻想，也想象过拥有一只叮当猫能给我记忆面包、任意门、竹蜻蜓等一些我意想不到的新奇道具。但我最终没有等到变成赛亚人，也没等来叮当猫，我就这样长成了一个平凡的大人。动漫世界里的冒险和惊奇渐渐被真实世界的疲惫和忙碌所取代，动漫里的世界渐渐变成了一个我遥不可及的乌托邦，但心中不变的是，动漫里面所传达的对人生的感悟和永不言弃的热血精神仍在支撑着我在生活中不断地奔跑，追逐着自己的梦想。而今我也做了父亲，有了一个可爱的孩子。真希望他也能到那个缤纷的动漫世界里去看看，去体会我们在现实生活中体会不了的乐趣和精彩，能有满载而归的喜悦。

为促进动漫产业发展，日本政府做出了很多努力。如2004年公布《内容产业促进法》；2007年出台具有纲领性意义的文件——《日本文化产业战略》；2010年更是成立了一个新的部门——“酷日本室”，以帮助日本企业向海外推销日本的设计、动漫、时装等流行性文化。

随着日本动漫产业的不断发展，其具有了自身独有的特征。第一，动漫产业规模化。在日本，我们可以随处可见动画片的



1 何威.从御宅到二次元：关于一种青少年亚文化的学术图景和知识考古［J］.新闻与传播研究，2018，25（10）：40-59+127.

宣传、漫画的销售、动漫衍生品的售卖等，俨然成了日本社会生活的重要组成部分。第二，动漫产品的复制效果明显。最典型的就是动漫出版物和其衍生品（如动漫纪念品、动漫布偶等），有着显著的现代产业化特征。第三，动漫经营有着现代化的商业模式，形成了投入—产出良性发展模式。第四，动漫产业持续经营。日本动漫产业链有着现代化的分工合作模式，如动漫工作室、动漫书籍出版、动漫杂志等，有着明确的分工范围，也有着高效的合作。

也为此，日本动漫产业有着以下七大优势：①相互合作机制优势；②创作队伍成熟优势；③市场划分明确优势；④悉心培养受众优势；⑤传播销售普及优势；⑥主题公园管理到位优势；⑦对外交流强势优势。这些优势让日本动漫不仅在国内立足，在世界各国、各地也产生很大的影响力。当然，随着时代的进步，虚拟技术、网络科技等将在动漫中发挥越来越重要的作用。为此，日本动漫需要跟上时代潮流，融入科学技术，这也是其长久发展之计。

而今，作为日本重要的文化输出内容之一的日本亚文化已对主流文化产生了深刻的影响。“二次元”文化已不再仅仅受到年轻人的追捧，其他年龄段的部分人群也开始接纳“二次元”文化，从而形成了庞大的“二次元”文化群体。

值得一提的是，日本动画电影《千与千寻》中的女主角千寻生于1990年，正是混沌岁月起始之年。在神灵异世界中，女孩战胜了各种妖魔鬼怪，解救了迷失的父母，找到了回家的路。

电影最后，那个成人体型、从未出过家门的巨婴，经历跌宕冒险，变得勇敢无畏，她独立向前，不再哭闹。

我可能永远也忘不了电影中那句："你忘了吗？往下飞的时候眼泪是往上流的。"还有那句："曾经发生过的事情是不可能忘记的，只是想不起来罢了……你会帮我想起自己是谁，对吧？"

其实在我看来，这就是日本经济失落20年最真实的化身与折射。宫崎骏说：列车最后启动那一刻，是我人生最开心的时候。

或许对于日本青年来说，这辆承载着过去光荣与梦想，也背负耻辱与伤痛的列车将缓缓穿过历史的洪流，在历经充满了得到和失去的轮回后步入时代的正轨，抵达阳光更为和煦的彼岸。

# 后记

2020 年，全球都经历着新冠肺炎疫情带来的考验，日本国内也经历着不小的变动。 

在我去日本之前，一直对日本存在着一种刻板的印象——大男子主义的日本男人和贤惠的日本女人，但等我到日本亲身经历之后，才发现我的了解是如此片面。而在写作本书的过程中，我不仅从多方面客观地了解了日本这个国家，更是从日本人民身上看到了坚韧不拔的精神。

先说日本的环境吧。不管是日本的街道，还是日本的乡村小路，都十分干净，看不见任何乱丢垃圾的现象。爱犬之人在遛狗途中，狗狗不小心把便便洒在了街道上，他们也会很仔细地把便便收进随身携带的垃圾袋里，并用纸巾把地面清洁干净。

为了让在都市生活的人们能够享受绿地，拥有一块空气清新的公共空间，让城市的小孩不局限于封闭、狭窄的单元楼，拥有更为广阔的玩耍之地，日本城市修建了很多大大小小的公园，并且每一个公园都有独特的设计与布局。例如，仅东京就有 5000 多个大小不一的公园。我在日本居住的地方，出门不到 500 米就有一个公园。人们可以在那里散步、锻炼身体，抑或在闲暇的午后时光，躺在长椅上晒晒太阳。

日本公共场所的服务非常到位，工作人员都受过专业的训练。不管是图书馆，还是医院，抑或是银行等公共场所，日本服务人员都能让你感受到无法言说的周到。同时，无论你的问题多么幼稚，重复了多少遍，他们都会耐心地为你解答。甚至当他们遇到最难缠的人时，也不会大喊大叫，抱怨连连，而是尽量去解决问题。



在教育方面，日本非常尊重传统文化，也会努力学习别人的优秀文化。比如，日本一直在坚持使用很多汉字。在日本的高中课本上，不仅有中国古代大诗人李白、杜甫等的诗歌，还有韩非子、孔子等中国古代著名思想家的文章。

日本人非常遵守秩序并懂礼貌，“一米线”仿佛是大家约定俗成的规则。日本的麦当劳都很小，很多都是在一楼有个小门面，餐厅在地下一层，人多的时候，队伍就排到了门外边，但是不管队伍多长，柜台前面一米左右的空间都是空出来的，前面的一个人买完了，后面的人才走过去。

我注意看过，柜台前面的地上并没有划出警示界限，但大家都会自觉地遵守这个规则。我觉得这样很好，因为我付钱的时候并不喜欢有陌生人和我站得很近，毕竟钱包里可能有私人证件、信用卡等涉及隐私的东西。

这些只是我在日本看到的一部分现象，我以观察者的身份走进日本——这个与我们有着极深渊源的邻国，用笔记录下我眼中的日本和日本年轻人，谈不上真知灼见，只是描绘出日本的一个侧影。作为一名中国的青年作家，走出国门自然代表着中国的形象，在和日本友人们和谐的交流相处过程中，我们互相学习着对方民族的优秀品质。“心无旁骛，专心创作”，形象生动地展现出日本人在做事时的认真和追求的极致，这句话也同样适用于我的文学创作，令我受益匪浅。

2019 年 5 月，我曾作为中方代表参加了在北京举行的亚洲文明对话大会。大会指出，璀璨的亚洲文明为世界文明发展史书写下了浓墨重彩的篇章。亚洲人民期待一个和平安宁、共同繁荣、开放融通的亚洲。我们应该坚持相互尊重、平等相待，美人之美、美美与共，开放包容、互学互鉴，与时俱进、创新发展，夯实共建亚洲命运共同体、人类命运共同体的人文基础。文明因多样而交流，因交流而互鉴，因互鉴而发展。而在日本，中华文明和大和文明相互碰撞，并开出了绚丽的花朵。“各美其美，美人之美；美美与共，天下大同”是中日文化最好的诠释。



中日两国是一衣带水的邻邦，有着两千多年的交流历史，今后，两国也将互为继续密切往来的最为重要的邻国之一。另外，正因为两国接触多时有不同意见，两国克服差异、相互合作、推进战略互惠关系的发展，对亚洲乃至全世界的稳定与发展非常重要。为构筑未来稳固的中日关系，两国年轻一代作为未来的希望应该相互交流、加深理解、相互尊重、互相学习。

在写作这本书的过程中，我在东京都成立了日本中国青年友好交流协会。创立协会的初衷很简单，因为我认为中日友好的根基在民间，未来在青年。经过 60 多年的积累与沉淀，中日青年交流为中日友好奠定了群众基础，为两国友好关系培养了可靠的接续力量，为两国关系的持续发展不断注入朝气与活力。中日青年应继续坚持务实合作、坦诚交流，以青年友好带动改善两国国民感情，培养和壮大中日友好的民意基础。我寄希望未来通过协会一系列工作为中日两国青年加深了解，贡献力量。



我之所以选择从凝视日本青年的角度出发观察整个日本，是因为青年代表了一个国家的未来，社会的建设离不开青年人的推动。在观察过程中，我也发现了日本青年和中国青年的不同之处，并附上了自己的见解，不足的地方还请各位读者指正。

这本书对于我个人来说意义重大。了解我的朋友都知道我是写小说出身的，这次写作是一次全新的挑战，也是一次冒险的写作经历，这部作品也是我的转型之作，是一个全新的开始。有一位文化名人有过这样的感慨：我们对日本的研究甚少，导致我们对这个最有渊源的邻国反倒陌生。这句话对我的触动很大，未来三年，我将视角集中在日本，研究它的历史、它的文化、它的当下，甚至它的未来。

在本书中，我尽心尽力，把我观察和思考中的“日本青年”坦率地、毫无保留地告诉大家。

这本书搁笔时，一种幸福感包裹着我。本书的出版离不开各方对我的鼎力支持，在此表示感谢！

向东京大学社会科学研究所及该所中国问题研究专家丸川知雄教授致谢，感谢你们为我在日研究期间提供的所有帮助及对本书的宝贵建议。

向考拉看看创始人张小军先生、马玥女士致谢，考拉看看团队是一个充满梦想与朝气的团队。在创作过程中，考拉看看团队的成员为我提供了很多宝贵的建议，使我的作品更加完整。

向中国多彩公益基金会发起人文泽平先生表示感谢，没有你们的支持，就没有本书的出版。

向廖宇靖图书工作室成员蒋金峰、蒋世奇、易小迪致谢，你们为本书的创作和出版做出了巨大的努力和贡献。

向我的好友朱炜博士、张民博士、杨一帆院长、方国渊先生，以及助理沈彬彬致谢，感谢你们专业而富有远见的意见和建议。

向我的家人致谢，在日本的这段时间你们默默地在背后支持着我，虽相隔两地，但我们的心仍连在一起。是家人让我的生活有了意义。特别要感谢我的儿子廖安歌，没有在爸爸写作时一直哭闹。

同时向我的出版方中国华侨出版社致谢。

最后向我的读者致谢，有你们的耐心阅读，才体现出这本书的价值。今年是我写作的第18年，感谢你们一如既往的陪伴。希望这本书能够给广大青年，也给我自己传递一种积极向上的价值观，为国家和民族，为实现社会主义现代化和中国梦贡献自己的力量。

愿中日两国青年能够永远正直、善良、知恩图报、不畏艰难、不被欲望控制，在充满诱惑的世界里，坚守初心，一路成长。

# 参考文献


[1] 野口悠纪雄. 战后日本经济史 [M]. 张玲，译. 北京：民主与建设出版社，2018.

[2] 杨洪超. "安保斗争"及其对日本内政外交的影响（1960—1964）[D]. 西南大学，2015.

[3] 陈兴鹏. 日本的"国民收入倍增计划"[J]. 兰州大学学报（社会科学版），1995，23（01）：155-159.

[4] 周维宏. 战后日本农村工业化初探 [J]. 南开学报，1989（03）：63-67+10.

[5] 胡澎. 从"增长型社会"到"成熟型社会"：平成时代日本社会的转型、困境与应对 [J]. 日本学刊 ,2019（05）：1-24.

[6] 金明善，徐平. 日本走向现代化 [M]. 沈阳：辽宁大学出版社，1990.

[7] 项卫星，臧爽. 日本石油危机与能源结构的调整及主导产业研究

[J]．求索，2013（08)：235-237.

[8] 傅志龙．浅析日本泡沫经济形成的原因及启示——基于货币政策选择的视角 [J]．商品与质量，2012（S3)：19-20.

[9] 三浦展．下流社会：一个新社会阶层的出现[M]．陆求实，戴铮，译．上海：上海译文出版社，2018.

[10] 松田久一．下一个十年，消费崩盘的年代[M]．盛凯，译．海口：南方出版社，2011.

[11] 江瑞平．当前日本经济回升面临的五大问题 [J]．中国经贸，2010（11)：58-60.

[12] 丁红卫，姜茗予．论日本青年消费行为与消费意识的变化 [J]．中国青年社会科学，2016，35（06)：100-104.

[13] 陈彩虹．“断舍离”与经济学 [J]．读书，2019（03)：3-10.

[14] 三浦展．第四消费时代 [M]．马奈，译．北京：东方出版社，2014.

[15] 儿美川孝一郎，周国平．从青年消费行为看日本社会的未来形态——从勤奋走向优雅的平凡生活 [J]．青年学报，2015（04)：85-89.

[16] 邱道愉．幸福可以“购买”——日本“第四消费时代”之启示[J]．同舟共进，2020（02)：28-30.

[17] 贡慧．日本财政赤字的经济分析 [D]．复旦大学，2012.

[18] 张季风．“安倍经济学”给日本带来什么 [EB/OL]．[2016-11-02]．http：//ijs.cssn.cn/xsyj/xslw/rbjj/201711/t20171102_3691684.

shtml.

[19] 大前研一．低欲望社会：人口老龄化的经济危机与破解之道［M］．郭超敏，译．北京：机械工业出版社，2018.

[20] 中国新闻网．新华侨报：日本非正式雇佣者勒紧裤带过日子［EB/OL］．［2016-01-19］．http：//www.chinanews.com/hb/2016/01-19/7723160.shtml.

[21] 平力群．日本“2042 年问题”［N］．中国社会科学报，2016-06-06（007）.

[22] 丁英顺．日本人口老龄化问题研究［M］．北京：社会科学文献出版社，2018.

[23] 大前研一．低欲望社会：“丧失大志时代”的新・国富论［M］．姜建强，译．上海：上海译文出版社，2018.

[24] 马骁．当代瑞典养老服务体系研究［D］．山东大学，2016.

[25] 李清如．消费税改革与日本平成时期经济社会变迁［J］．国际税收，2020（02）：42-51.

[26] 戴维・皮林．日本：生存的艺术［M］．张岩，译．北京：中信出版社，2020.

[27] 张钟月．日本企业绩效工资制度的实证研究：关注对工作环境和工作动机的影响［J］．日本学研究，2009（00）：415-440.

[28] 李国庆．“国民皆中流”历史背后的日本社会阶层流动［J］．人民论坛，2014（02）：28-33.

[29] 苏亚新．“乐活”：走向东方 [J]．宁波经济（财经视点）,2009（09）：50-51+53.

[30] 冯素梅．日本自由职业者激增的社会原因与对策 [D]．对外经济贸易大学，2006.

[31] 傅高义．日本新中产阶级[M]．周晓虹，周海燕，吕斌，译．上海：上海译文出版社，2017.

[32] 胡澎．困境与突围：日本女性的婚姻、家庭与事业 [J]．群言,2017（03）：33-36.

[33] 王伟．平成时期日本的社会变迁——从瓦解走向重构 [J]．日本文论，2019（01）：1-31.

[34] 蔡曾．“穷忙族”的应对之道 [J]．中国人力资源社会保障,2014（11）：31-33.

[35] 王海涛，谭晓军．日本贫富差距扩大的原因及趋势分析 [J]．现代日本经济，2008（04）：60-64.

[36] 门仓贵史．穷忙族——忙碌阶层的哀与愁[M]．袁淼，译．北京：中信出版社，2009.

[37] 高彦颖．日本私立学校就读费用高于公立学校 3 至 4 倍 [J]．世界教育信息，2014，27（03）：78.

[38] 橘本俊诏．日本的教育不平等 [M]．彭曦，译．南京：南京大学出版社，2015.

[39] 张旭升．从“坂上之云”到战后崛起的历程 [N]．证券时报，2019-01-17（A10）.

[40] 尾原和启．动机革命：如何激发低欲望的一代 [M]．北京：人民邮电出版社有限公司，2018.

[41] 池田信夫．失去的二十年 [M]．胡文静，译．北京：机械工业出版社，2012.

[42] 高宇．日本股市泡沫破灭记 [J]．世界博览，2007（08）：62-67.

[43] 胡澎．平成日本社会问题解析[M]. 北京：社会科学文献出版社，2019.

[44] 蔡恩泽．渡边太太新旋风 [J]．董事会，2014（03）：98-99.

[45] 杨慧．日本政府出招鼓励老年人再就业 [N]．中国社会报 ,2019-11-25（007）.

[46] 孙明贵．泡沫经济时期日本对外投资失败的原因 [J]．现代日本经济 ,2000（01）：32-35.

[47] 大前研一．低智商社会 [M]．千太阳，译．北京：中信出版社，2010.

[48] 王玉．关于日本团块世代退休影响的研究 [J]．吉林广播电视大学学报 ,2019（03）：125-126.

[49] 田香兰．日本“团块世代”的退休影响分析 [J]．社会工作下半月（理论）,2008（12）：47-49.

[50] 徐静波．遇见日本 [M]．北京：华文出版社 ,2018.

[51] 师艳荣．中国“佛系青年”在步日本年轻人后尘？ [J]．世界

知识，2019（16）：70-71.

［52］张冬冬．当今日本社会离婚现象透视［J］．日本问题研究，2010，24（04）：58-64.

［53］李宗玲．新形势下中日年轻人生育意愿及原因分析［J］．长江丛刊·理论研究，2017（02）：166-167.

［54］丁英顺．日本老龄化的最新状况、社会影响与相关社会政策——2018年版《老龄社会白皮书》解读［J］．日本研究，2019（01）：27-37.

［55］李卓．日本传统家族制度与日本人家的观念[J]．世界历史，1993（04）：70-77.

［56］贾建梅．日本青年价值观变化之我见[J]．边疆经济与文化，2005（04）：93-94.

［57］赵宪生．“从集团主义”到“个人主义”——日本青年文化发展的历史与现状［J］．青年研究，1997（08）：44-49+39.

［58］边静．现代日本社会［M］．北京：北京大学出版社，2019.

［59］张楠．日本推进劳动方式改革 机遇与挑战并存［N］．中国社会科学报，2019-09-12（003）.

［60］李帅．青年亚文化视角下“萌文化”研究［D］．南京师范大学，2016.

［61］张少君．战后日本青年文化的变迁轨迹［J］．青年探索，2018（05）：102-112.

[62] 王云红，王树义．从交际角度看日本“御宅族”文化现象［J］．河北师范大学学报（哲学社会科学版），2009,32（02）：151-155.

[63] 何威．从御宅到二次元：关于一种青少年亚文化的学术图景和知识考古［J］．新闻与传播研究，2018，25（10）：40-59+127.